U0921506

# 大数据 大文化

# BIG DATA BIG CULTURE

崔成泉 王晓芳 编著

云南大学出版社
Yunnan University Press

图书在版编目（CIP）数据

大数据 大文化 / 崔成泉，王晓芳编著. -- 昆明 ：云南大学出版社，2014
ISBN 978-7-5482-2092-3

Ⅰ. ①大… Ⅱ. ①崔… ②王… Ⅲ. ①信息技术—应用—文化产业—研究—中国 Ⅳ. ①G124-39

中国版本图书馆CIP数据核字（2014）第202806号

策划编辑：陈 曦
责任编辑：柴 伟
装帧设计：庄海萌

# 大数据 大文化
# BIG DATA BIG CULTURE

崔成泉 王晓芳 编著

出版发行：云南大学出版社
印 装：昆明卓林包装印刷有限公司
开 本：787mm×1092mm 1/16
印 张：9
字 数：156千
版 次：2014年10月第1版
印 次：2014年10月第1次印刷
书 号：ISBN 978-7-5482-2092-3
定 价：28.00元

社 址：云南省昆明市翠湖北路2号云南大学英华园内
邮 编：650091
电 话：0871-65031071 65033244
网 址：http://www. ynup. com
E-mail：market@ynup. com

# 序

崔成泉

随着《大数据时代》[①] 在中国的广泛传播，“大数据”瞬时成为社会热点话题，2013 年也被称作“大数据元年”。

随意打开一家网站的读书频道，输入“大数据”一词，相关书籍已经数不胜数。国内各大出版社使出浑身解数，挤着登上“大数据”的这趟潮流列车。但是翻看这些图书目录，大部分内容都聚集在大数据的技术本身，以及大数据在商业中的应用。而《大数据　大文化》这本论文集，想表达的是直击文化本身，用大数据思维来解读和思考文化面临的问题与挑战，以重构我们的思维方式、思维路径。

大数据、大文化汇聚一起，绝非偶然。信息技术迅猛发展，深刻地影响着文化的变革与发展，催生着新型文化业态的生成与发展。什么是大数据？大数据有何技术特征，大数据与大文化之间如何融合，这两者之间的关系如何解读？文化产业和公共文化应以什么样的发展路径去应对大数据时代？从国家治理的层面上来讲，大数据时代文化资源的整合，需要体制改革提供什么样的支撑和顶层设计？等等，一系列问题有待于我们的回答和进一步探讨。

不管你是否认可，大数据时代已然到来；不管你是否认同，大数据技术进入文化领域已是必然。“走进来”的大数据与“走出去”的大文化，均是时代运演的结果。

《大数据时代》一书前瞻性地指出，大数据带来的信息风暴正在变革我们的生活、工作和思维，开启了一次重大的代际转型，发动了一次时代的思维变革、商业变革和管理变革，并提出，放弃对因果关系的渴求，取而代之的是关注相关性关系。大数据时代的新变化，颠覆了千百年来人类的思维习惯，对人类认知和交流方

---

① ［英］维克托·迈尔－舍恩伯格、肯尼思·库克耶：《大数据时代》，盛杨燕、周涛译，浙江人民出版社 2013 年版。

式提出了全新的挑战。

中共十八届三中全会报告指出："全面深化改革的总目标是完善和发展中国特色社会主义制度，推进国家治理体系和治理能力现代化。""建设社会主义文化强国，增强国家文化软实力，必须坚持社会主义先进文化前进方向，坚持中国特色社会主义文化发展道路，坚持以人民为中心的工作导向，进一步深化文化体制改革。要完善文化管理体制，建立健全现代文化市场体系，构建现代公共文化服务体系，提高文化开放水平。"

这一切告诉我们，在大数据时代，必须让大数据与大文化进行深入对接，必须对文化科技发展潮流有充分的认知和把握，从而为中华文化复兴与强国之梦插上大数据的翅膀，这是我们的期待，也是我们的呼唤。有鉴于此，2013 年 10 月 25 日，首届"大数据——大文化"高峰论坛在上海宝山举行，受到业界的多方关注。当然，正是因为这次论坛，才催生了这本论文集。

本论文集共收录了 13 篇论文，从三个层次来探讨大数据与大文化之间的关系，层层递进。先从宏观视角探讨大数据本身，最后到大数据与大文化之间的关系，从大数据与文化发展、文化产业、文化事业、文化管理、文化消费、公共文化服务等多方面进行深入研究，再到案例分析，每一篇文章都极具原创性和创新性。而文集最大亮点在于其作者身份，除了擅长学术研究的专家学者，还有来自行政机构的政府官员，有文化、科技企业的企业家代表，还有处在大数据前沿的一线数据挖掘专家，他们都从各自的身份背景和职业入手，切身感受大数据带给他们的冲击或是改变，深入浅出地描述了大数据与大文化之间的关系。

文化部文化科技司司长于平在《大数据时代的艺术学对策研究》一文中强调了大数据时代的思维转变。他认为大数据由于数量巨大，且来源庞杂、非结构性强，它通常用"概率"说话而并不给出"精确"的判断。大数据将改变我们理解社会的方法，无论是解决时代的"问题"还是应对"问题"的时代，我们都必须关注"大数据时代"的思维转变。就对策而言，我们要日益增强数据的分析能力，有效实现对未来的预测能力。

对于大数据与中华文化的传承与发展，中宣部改革办副主任兼财政部文资办副主任高书生则强调加快建设"中华文化素材库"。所谓"中华文化素材库"就是文化资源数字化催生的一座文化"金矿"，对于传承和传播中华文化、变革文化生产方式、发展文化生产力具有划时代的意义。正如他在论文中所述："文化消费的数字化‘倒逼’处于上游的文化创作、生产和传播的数字化，从而引发文化生产方式的根本性变革。”

“无论我们选择与不选择，大数据技术进入文化领域是必然的。”中国艺术科技研究所文化标准研究中心主任闫贤良在论文中这样描述：“大数据打开了文化的窗口，便有两种新型文化业态快速成长。传统意义的文化将失去往日的宁静，不再自在自为。”

不过，面对大数据时代，更需要一种理性的认知，正如江苏省文化产业集团董事长、党委书记，南京艺术学院文化产业学院院长李向民论文的标题所言：“相信大数据，但不迷信大数据。”确实，如果不能准确掌握和应用数据，纵使有云计算，也是徒劳无功的。文化产业从业者应当敏锐地发现大数据对文化产品制作和营销的影响，如果能够很好地运用，对于文化企业的发展将有非常大的促进作用，但是过于迷信也可能会变成谬误。

四川省文化厅宣传信息中心主任、研究员赵红川在论文中阐述道，大数据重新定义了文化的创造方式，扩展了文化资源内容，丰富了创意生成的手段，推动了新的文化生态的形成，甚至改变了文化的传承方式，因此，大数据具有非常重要的文化意义。

“大数据并不是一个充斥着运算法则和机器的冰冷世界，其中仍需要人类扮演重要角色。人类独有的弱点、错觉、错误都是十分必要的，因为这些特性的另一头是人类的创造力、直觉和天赋。”这是《大数据时代》这本书中，我最喜欢的几句话之一。对于这本论文集的出版，初衷很简单，就是想告诉大家，大数据并不遥远，它就在你我的身边。

**（作者系中国文化传媒集团国家文化产业发展促进中心主任、中国文化报社编委）**

# 目　录

# 第一章
# 宏观概述：什么是大数据？

# LI HONG BO

## 李洪波

中国人民大学工商管理学硕士。现任北京中科新视界数字科技有限公司总经理、中科院自动化所信息可视化联合实验室联合主任。

长期从事信息可视化、文化创意产业、版权产业、企业信息化等领域研究。曾负责创意产业测评指标体系研究工作，组织进行了《基于价值链的创意产品商业价值评估与交易公共服务平台》项目的开发和研究工作。负责国家新闻出版广电总局（国家版权局）立项的《版权作品价值评估体系和模型研究》课题研究工作。参与起草《著作权资产评估准则》《中央企业信息化绩效考核体系》等工作。

# 大数据时代文化资源产业化应用与思考

李洪波

**摘 要**：信息技术的迅猛发展，对文化的变革与发展有着深远的影响。2013 年被称为“大数据元年”，随之而来的数据仓库、数据安全、数据分析、数据挖掘等围绕大数据的商业价值的利用逐渐成为行业人士争相追捧的利润焦点，同时，大数据技术也深刻地影响了我国传统文化和文化产业的转型升级。

文化产业对于社会的进化与平衡有着巨大的责任，而科学技术能够有效地改变生产方式、提高生产效率，也可以更具体准确地进行数据统计和分析。如何将大数据技术作为一个概念性的工具，以科技的方式应用在文化领域，促进文化产业与科技的对接、转变生产和增长方式，以及推动文化产业高质量、高效率的发展，加快文化科技融合的应用模式和创新手段，是我们需要思考的问题。

本文在简要概括了大数据的概念与特点及发展趋势之后，结合典型案例，从大数据技术对文化产业价值链系统的重整以及文化产业大数据建设与应用路径方面进行了分析。最后，对基于全新价值导向的对策进行了思考和梳理。

**关键词**：大数据 文化产业 客户体验价值

党的十八大明确做出推动文化大发展、大繁荣的决定，提出“必须坚持以文化创新为动力，进一步推动科技和文化融合，加快形成构建现代文化产业体系”。在加强文化产业装备科技化、文化生产要素数字化的同时，对文化消费驱动的客户体验价值急需运用云计算、信息可视化和网络化等科技创新构建大数据体系，建立从文化资源到文化消费的闭环产业价值系统，推动文化产业真正实现跨越式发展。

2013 年作为全球“大数据元年”，美国已经将大数据作为国家最高战略制订了实施计划，奥巴马将“大数据”比作“未来新能源”。谷歌通过对搜索数据的大数据分析准确预测了电影票房收入，Netflix① 以大数据分析为基础，用巨资打造的《纸牌屋》在全球 43 个国家热播，大数据对文化消费和文化创新的巨大作用与前景日益彰显。

费孝通先生在《社会进化到社会平衡》中说明了从社会学的角度来考虑“社会的进化”和“社会的平衡”这样的概念工具如何运用，土地和文化如何支持人口的增长和需求的增长，从而能够使得社会进化趋势动态地形成一个社会平衡。这带来三个方面的启示：首先，文化的作用和发展空间是巨大的。由于相关的资源越来越稀缺，而人口的增长和人的需求弹性也随之增长，对于如何满足人的欲望，如何形成新的平衡，文化产业有着巨大的责任。其次是技术。技术有效地改变了生产管理，使各个方面都有了很大的提高，也使我们能够更好地量化人的行为特征、了解人的内心需求，同时也支持创新发展的新型驱动模式来支持战略的转化。最后，大数据是一个“概念工具”。这个工具在不同的学科有不同的理解，技术学科中专门指云计算等方面的技术，对于产业来讲是企业的数据资产，在社会学里是一种现象，影响人们的思维观念。

以客户体验价值思维模式对传统文化产业进行颠覆性创新的时代已经来临，利用大数据技术可以实现对客户体验和消费行为的累积化进行相关性分析，从而在促进文化资源资产化的同时，也促进作品更好更快地商品化，同时反向支撑文化产业新的价值评估体系的确立。在更好地满足人民日益增长的文化需求的同时，推动文化产业资本化进程。

## 一、大数据技术及发展趋势

### （一）大数据的定义与特点

1. 大数据的定义

从技术视角来看，目前全球均比较认可 IDC（Internet Data Center），即国际数据公司，对“大数据”的定义，即为了更经济地从高频率获取的、大容量的、不同结构和类型的数据中获取价值，而设计的新一代架构和技术。此定义也可以概括为 4 个特点，即高容量（Volume）、多样性（Variety）、速度（Velocity），以及价值

---

① 是一家美国公司，在美国、加拿大提供互联网随选流媒体播放，定额制 DVD，蓝光光碟在线出租业务，换言之，就是一家在线影片租赁提供商。

(Value)，简称为4个V，包括基础架构、数据管理、分析挖掘和决策支持4个层面。当然，也有其他不同的观点，IBM对于大数据的定义便是规模性（Volume）、多样性（Variety）、高速性（Velocity）和真实性（Veracity）的“4V理论”。

2. 大数据炒作期与投资误区

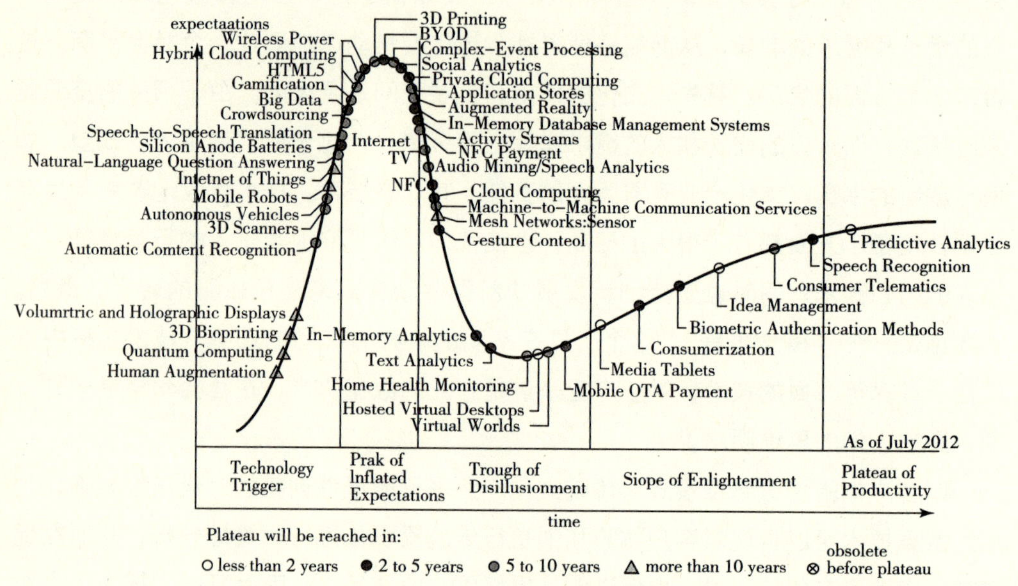


**图1 大数据炒作期**

来源：Gartner 2012 新兴技术炒作周期（Hype Cycle）报告

在Gartner[1]的2012新兴技术炒作周期（Hype Cycle）报告和Readwrite[2]的文章当中提到，大数据实际处在一个炒作期，相关技术存在着发展规律，2013年虽然被称作全球“大数据元年”，但仍需正视大数据能够带来哪些真正的价值，《大数据时代》的作者舍恩伯格在他的另一部著作《删除》里面着重论述了对大数据的取舍之道。同样，Readwrite在近期博客中提到了现在盲目投资应用先进的技术，如hadoop架构[3]，没有进行很好的大数据治理设计，仅实现了对大量垃圾数据的收

① Gartner Group公司成立于1979年，它是第一家信息技术研究和分析的公司。它为有需要的技术用户提供专门的服务。

② 一个关注技术的博客网站，创建于2003年。

③ 一个分布式系统基础架构，由Apache基金会开发。用户可以在不了解分布式底层细节的情况下，开发分布式程序。

集，投入1美元产生的回报只有几美分，因此，业界应该将大数据这个概念工具与自身实际需要相结合来进行理性投资。

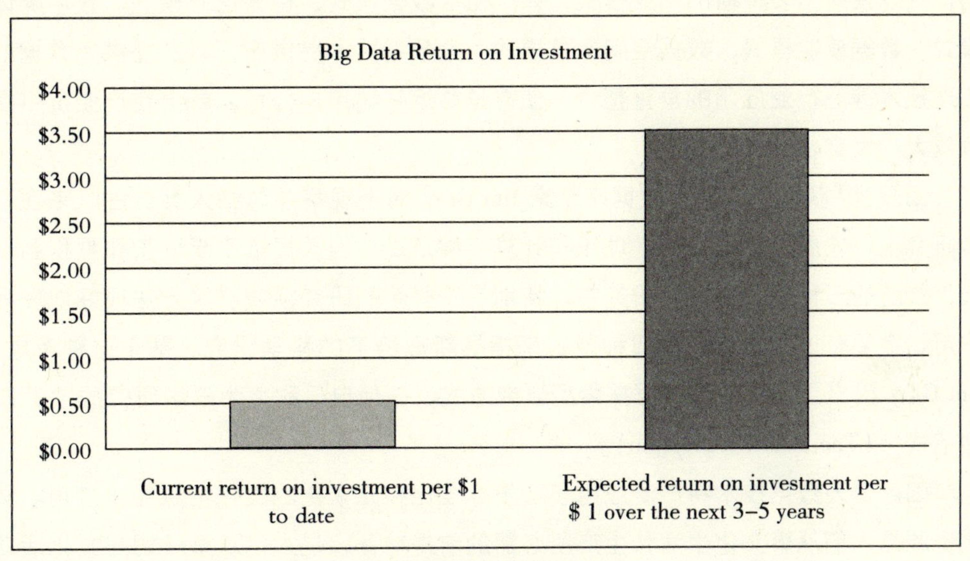


**图2　大数据投资回报对比**

来源：Readwrite 博客文章

这里提到了一个隐含的概念，大数据如果从整个数据的特点来讲，更多的是在思维特点里面强调真实性，从技术的角度来讲对它的价值性则要提得更多一点。凯文·凯利[①]在评价相关的技术成长时提到，技术已经变成了一个生命，它有自己的发展特征，因此，企业可以通过对有价值的小数据进行不断积累，来帮助企业更好地了解客户的价值。在了解客户价值的基础上获取数据，实际上就把用户的行为特征人为地形成了企业或公共事业单位的数据资产，相关的云计算、物联网、穿戴式设备使得自我量化能够形成可计算的内容，并在其中运用一些创新的方式，形成一些价值的转化开发，最后使反馈经济不断地进行循环。

### （二）大数据发展趋势与应用前景

大数据技术的发展将带来大规模的交易数据、大规模的行为数据和大规模的融合数据，同时带来三大趋势：数据将成为资产、应用软件泛互联网化，以及行业应

① 《连线》（Wired）杂志创始主编，被看作是“网络文化”（Cyberculture）的发言人和观察者。

用的垂直整合。数据资产是未来企业的竞争核心战略资源，而拥有数据的规模和活性以及对数据的解释和运用，将是下一阶段企业着重要构建和发展的能力。围绕数据，可以演绎出多种新的商业模式，如：租售数据模式、租售信息模式、数字媒体模式、数据使能模式、数据空间运营模式、大数据技术提供商，以及提供大数据的处理技术等。行业应用的垂直整合，使得越靠近终端用户公司，就会在产业链中拥有越大的发言权。

图灵奖①获得者、著名数据库专家 Jim Gray 博士观察并总结人类自古以来在科学研究上，先后历经了实验、理论和计算三种范式。当数据量不断增长和累积到今天，传统的三种范式在科学研究中，特别是一些新的研究领域已经无法很好地发挥作用，需要有一种全新的第四种范式来指导新形势下的科学研究。基于这种考虑，Jim Gray 提出了一种新的数据探索型研究方式，被他自己称之为科学研究的“第四种范式”（The Fourth Paradigm）。

因此，大数据技术将广泛应用于基于标准化和元素化的文化资源业化应用。文化资源是人们从事文化生活和生产所必需的前提准备，是人们从事一切与文化活动有关的生产和生活内容的总称，而文化资源数据化是指将不同时期、不同载体的文化资源内容进行碎片化和结构化的数字化处理，以文字、图片、音乐、故事、影像、声音等方式进行数字化记录及集成。

文化产业之丰富、巨大、多元化的信息和素材，对大数据式的解决方案及思路有着必然的渴求，凭借大数据的处理及价值创新方式，文化产业基于文化资源的开发利用，能够更好地预测客户需求或喜好，洞察市场走向，进而有的放矢地创新文化产品与服务。同时融合信息、金融、科技等社会服务体系，衍生出更丰富、更有创造力的文化产业形态。

## 二、大数据技术对文化产业价值链系统的重整与再造

### （一）大数据重塑产业价值链为闭环价值系统

大数据对文化产业价值链的重塑和闭环价值系统的形成，为作为投入要素的文化资源活化利用提供了广阔的空间。中华文化源远流长、博大精深，不论从时间、

---

① 图灵奖（A. M. Turing Award，又译“杜林奖”），由美国计算机协会（ACM）于 1966 年设立，又叫“A. M. 图灵奖”，专门奖励那些对计算机事业做出重要贡献的个人。

空间，还是从发展过程、多元化程度等维度来看，都有其无限广博、厚重的资源信息。在社会发展的进程中，分散的文化资源很容易被忽视、淡忘，甚至没有机会被发掘出来，以至于造成传统文化的断层、流失。文化是一个民族生生不息、代代相传的基础，文化资源的保护和有序梳理是一项复杂艰难而又必需的任务。

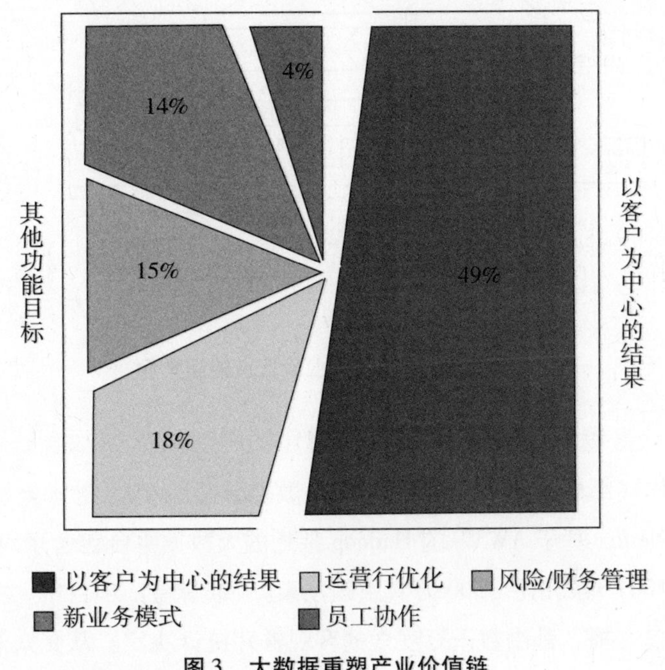


■ 以客户为中心的结果　□ 运营行优化　■ 风险/财务管理
■ 新业务模式　■ 员工协作

**图 3　大数据重塑产业价值链**

来源：牛津大学赛德商学院与 IBM 合作研究

在大数据环境下，综合运用信息技术、互联网技术、可视化技术等科技手段，以市场为导向，从内容创作、产品化、市场营销、消费体验和数据反馈将文化产业价值链重塑为闭环价值系统，从而遵循市场有效配置资源的规律，形成对文化资源的合理开发，惠及全民。

### （二）大数据重塑产业价值链典型案例

1. 谷歌电影票房商业预测案例

2013 年 5 月，谷歌发布《谷歌搜索预测电影票房白皮书》，公布了一项重要研究成果——电影票房预测模型。该模型能够提前一个月预测电影上映首周的票房收入，准确度高达 94%。谷歌票房预测模型的基础是与电影相关的搜索量与票房收入的相关性分析。大数据分析在电影行业的应用前景是把模糊的行业经验变得更科学、更精准。

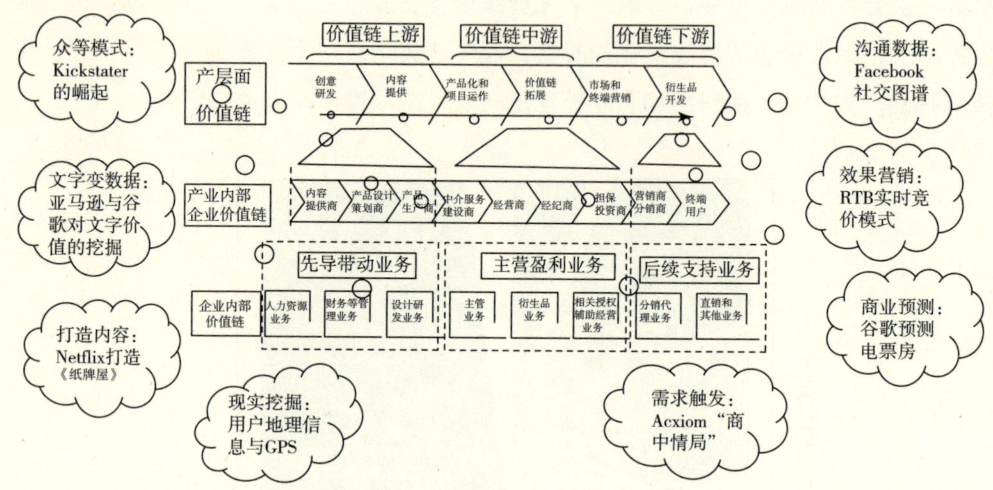


**图4　大数据重塑产业价值链典型案例**

2. Netflix 大数据打造内容——《纸牌屋》

Netflix 制作《纸牌屋》的成功让基于大数据分析的“订制”电视剧模式打开了想象空间。Netflix 基于 AWS[①] 的 Hadoop 架构的大数据平台包含了对 3000 万用户的收视选择、400 万条评论、300 万次主题搜索。《纸牌屋》项目中，拍什么、谁来拍、谁来演、怎么播，都由数千万观众的客观喜好统计决定。从受众洞察、受众定位、受众接触到受众转化，每一步都由精准细致、高效经济的数据引导，从而实现大众创造的 C2B[②]，即由用户需求决定生产。凭借《纸牌屋》的大获成功，Netflix 第一季财报公布后股价狂飙 26%，达到每股 217 美元，2012 年 8 月的低谷价格累计涨幅超过 3 倍，大数据应用直接在资本市场的公司价值上得以反映。

3. Kickstater[③] 创意研发众筹模式的崛起

截至 2013 年 5 月 29 日，已经有 100147 个项目在 Kickstater 上被发起。目前项目的成功筹资率为 43.95%，其中最终获得筹资在 1000 ~ 9999 美元之间的项目占到所有成功获得筹资项目的 65.8%。据 Kickstarter 公布的数据，创业公司已经在这个

① AWS 平台提供了从业务流程梳理、建模到运行、监控、优化的全周期管理和面向角色的 BPM Total Solution。

② C2B 是电子商务模式的一种，即消费者对企业（customer to business）。

③ 2009 年 4 月在美国纽约成立，是一个创意方案的众筹网站平台。

平台上获得了5.35亿美元。除了上述融资数据外，Kickstarter 2012年页面浏览量达到7.09亿，独立用户访问量达到8600万，分别较2011年增长279%和252%。

4. Acxiom[①]“商业中情局”——数据分析

不是所有的公司都有实力和足够的时间自己搭建运行一套数据库用以分析顾客消费行为和需求，为这些公司提供此项服务的数据分析商便找到了空间。Acxiom主要业务是“基于数据的市场营销”，帮助企业精准定位它的潜在客户，将服务和产品卖给有需求的客户。“比谷歌更无所不知，比FBI更无孔不入，比Facebook更无处不在”。2012年，它的利润达到7726万美元，销售额达到11.3亿美元。目前，Acxiom已经拥有美国1.9亿人，以及1.26亿个家庭的数据资料。同时，财富100强的公司中，有47个是它的客户。更厉害的是，“911事件”过后，它还因协助美国政府提供了19个劫机者中11个人的资料而名声大振。

### （三）量化自我，促进反馈经济模式形成

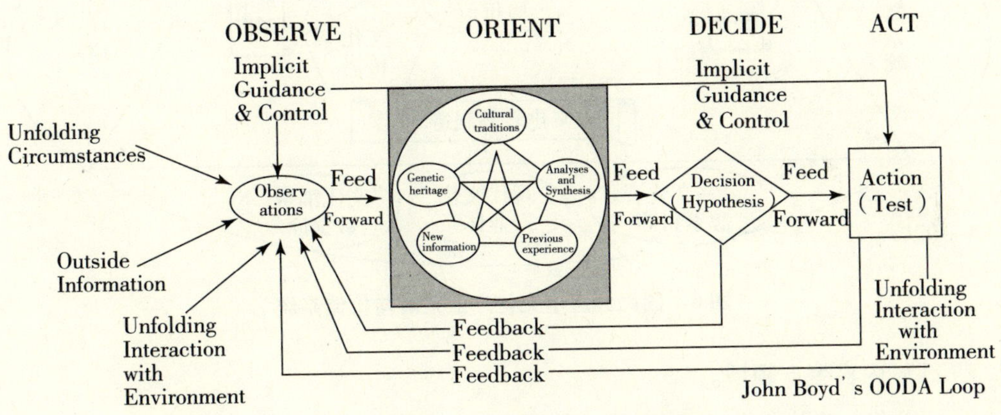


图5 约翰·博伊德的OODA循环

来源：Wikipedia

军事战略家约翰·博伊德（John Boyd）花了不少时间考虑如何才能打赢每场战役。基于其战斗机飞行员的经历，他把观察事物并对此做出反应的过程分解成为

① Acxiom公司成立于1969年，总部在美国阿肯萨斯州的小石城，是帮助企业利用信息创造最大价值的全球领导者。

四步：观察、适应、决定和行动的循环（OODA）①。

云计算、移动互联网和可穿戴计算的结合，带来了一个可感知、反馈、分析和预测的量化自我的“大数据时代的来临”。大数据、持续的优化和一切以数据为中心不仅简单地提高企业经营效率，而且还能做好准备迎接更大型、更重要的改变，这些改变预示着反馈经济的到来。

## 三、文化产业大数据建设与应用路径

### （一）文化资源在大数据环境下与文化产业内部关系与作用

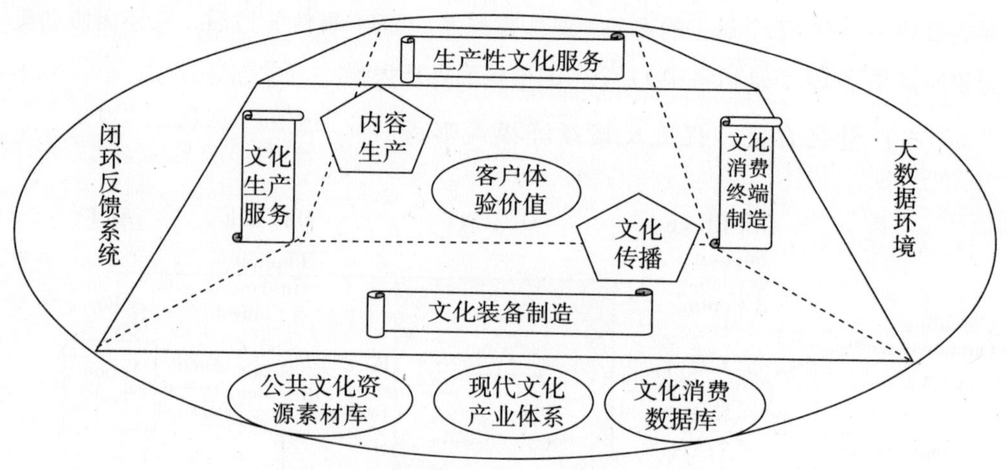


图6　国民经济中文化产业范畴与价值系统

（1）内容生产领域。

标准化、碎片化和数据化的文化资源元素，要和基于特征客户群体的消费行为数据结合起来，作为内容生产作品化的投入要素。

（2）文化传播领域。

商业预测和营销策略等数据商品将构建文化传播的 know－how 支撑库，文化资源元素历史特征价值和艺术审美距离作用在传播中起到差异化品牌特质的影响。

---

① OODA 是观察（Observe）、调整（Orient）、决策（Decide）以及行动（Act）的英文缩写，它是信息战领域的一个概念。

（3）文化装备制造领域。

狭义大数据（技术实现层面）属于文化装备制造范畴（物联网、云计算、信息化、网络化等），同时文化装备（物质资源）为生产系统产生的大数据提供入口。

（4）文化生产服务。

大数据可以看做文化产业生产服务的组成部分，构成现代文化产业体系辅助价值链的一个环节，有力支撑基于版权价值的文化资源要素市场的交易。

（5）文化消费终端制造。

文化消费终端是文化消费品（文化商品）的出口和消费行为数据的入口，文化消费终端的软硬件、通信将满足大数据需求。

（6）生产性文化服务。

大数据的跨界融合（消费行为、交易行为、金融等），将促进文化资源及其产品服务与第一、二、三产业的结合，释放文化潜在价值，提升附加值。

### （二）大数据环境下文化资源产业化发展中的根本问题

大数据环境下文化深源产业化发展中的根本问题，体现为以下6点：

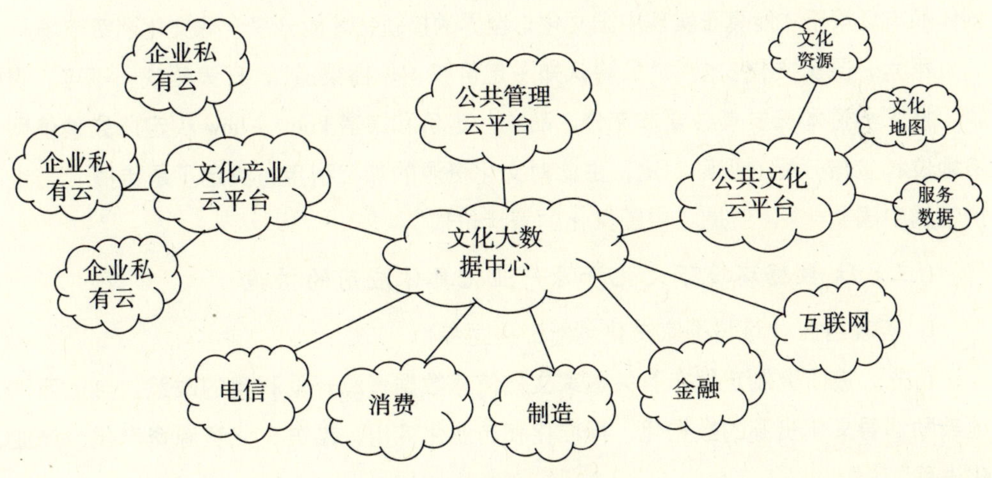


**图7 文化大数据云图**

第一，转变思维模式，培育文化消费热点："满足需求和创造需求是一回事。"基于大数据（总体非样本）分析，将文化资源作品化、产品化、商品化过程与审美体验和客户体验价值反馈有机结合形成的价值创造系统，所反映的预测市场和由预测形成策略执行而满足市场得以统一。

第二，数据装备产业，有效配置和运用文化资源，能够了解和引导需求："满足人民日益增长的文化消费需求。"市场经济在于"货币投票"，而消费最终得以实现价值在于对客户真实需求的满足，"让数据说话"才能了解需求，满足需求，引导消费。

第三，激活创新，促进发展：变因果律的小概率为相关性的大概率。"精确制导"优于"摸着石头过河"，总结"为什么"来进行指导不如"是什么"更为直接有效。在大数据环境下，开放共享的文化资源素材库，支撑改变文化创意产业"小概率"在于转变"作品如何成为商品"模式为"市场决定投入要素的配置和运行"。

第四，盘活存量，提高增量：提高要素投入有效性，提升产业结构合理性。文化产业成为支柱产业，为 GDP 做出 5%（3 万亿）以上的贡献，长期还是在于文化消费。同样要避免"产能过剩"和"制造大国而非产业强国"的投资导向误区，改进原有统计和资产评估的价值评价体系，构建以"客户体验价值"为核心的价值评估体系，形成大数据时代文化产业建设和发展新的"价值导向"。

第五，全球化，走出去：用全球市场的文化传播和消费行为分析视角创新"中国文化"。大数据的本质在预测，核心在量化，基于全球文化传播和消费分析的内容创作和市场策略才能真正实现中国文化与世界的接轨，才能分享全球文化消费市场。

第六，国家文化安全："品牌认知 + 定价权 + 传播渠道"，三策略缺一不可。资源、技术和资本三要素必要非充分，品牌、定价和渠道 know – how 决定所处价值网络地位和参与分配的规则制定，由此对文化资源的加工利用，决定了是传播"普世价值的中国文化"，还是"中国文化的普世价值"。

### （三）大数据环境下文化资源产业化具体应用的措施

1. 宏观层面（可与国家文化创新工程同步）

首先，应研究制定发布有关国家文化信息数据资源开发利用的政策，自上而下地鼓励倡导文化资源的数据化、标准化和产业化应用，推进文化资源资产化、产业化进程。

其次，应组织成立文化大数据专家咨询与监管委员会，建立大数据"智库"，在数据科学家指导下，将文化资源素材库、现代文化生产系统和文化消费市场数据打通，推动闭环反馈价值链形成。

再次，研究制定文化资源和消费大数据的建设和监管规范，有序、规范地推进文化资源数字化、现代文化产业体系和文化消费数据库的建设，为文化资源产业化提供基础支撑。

最后，将文化大数据共享工程纳入国家文化科技创新工程，借大数据的方式及理念促进文化科技融合创新的发展，同时利用文化科技融合创新平台，促进文化资源高效、高质量的实现经济与社会价值。

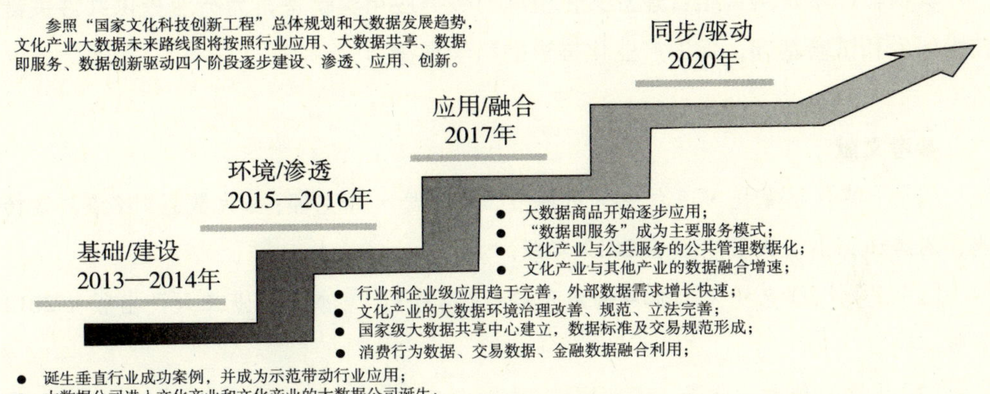


**图 8　文化大数据路径图**

2. 产业层面

在产业层面对文化数据资源进行开发，应注意以下几点：

第一，开展文化数据资源价值潜能研究和分布状况的调查。“工欲善其事，必先利其器”，做好足够的前期研究与情况了解，是做好文化资源有效有序开发的基础条件。

第二，开展文化数据资源共享中心建设和关键共性技术的研发。文化科技创新融合是文化数据资源集约化、规模化和专业化生产的技术基础。

第三，开展文化资源产业化行业应用试点。可以从文化消费热点和数字化、信息化、网络化程度高的影视、动漫、游戏、演出等行业进行产业化试点，以点带面，以示范总结经验并推广应用，提升行业整体水平。

在大数据时代来临的今天，文化、科技和商业的充分结合才能够高效地对文化资源进行开发利用，不断形成创新的文化消费商品和服务。培养文化产业复合型人才，特别是经营管理和数据科学家等方面人才资源的储备，是当前产业发展的迫切需要。

3. 应用层面（价值导向和行业应用试验）

首先，基于文化消费大数据分析的客户体验价值评估体系，结合现有文化资源及文化科技融合产品或技术，进行行业、组织及企业的研究和应用，促进文化产业全新价值导向的确立和普及。

其次，产学研用管结合建立文化资源与数据应用实验室，为行业提供共性关键技术研发和试验基础，促进产业化推进的科学支撑。

**参考文献**

[1]［英］维克托·迈尔-舍恩伯格、肯尼思·库克耶：《大数据时代》，盛杨燕、周涛译，浙江人民出版社 2012 年版。

[2]［英］维克托·迈尔-舍恩伯格：《删除》，袁杰译，浙江人民出版社 2013 年版。

[3]［美］凯文·凯利：《失控》，东西文库译，新星出版社 2010 年版。

[4]［美］艾伯特-拉斯洛·巴拉巴西：《爆发》，马慧译，中国人民大学出版社 2012 年版。

[4]［美］汤姆·怀特：《Hadoop 权威指南》，周傲英译，清华大学出版社 2010 年版。

[5] 费孝通：《文化与文化自觉》，群言出版社 2010 年版。

[7] 吕庆华：《文化资源的产业开发》，经济日报出版社 2006 年版。

[8] 赵国栋、易欢欢、糜万军、鄂维南：《大数据时代的历史机遇——产业变革与数据科学》，清华大学出版社 2013 年版。

[9] Gartner：《2012 年大数据 Hype Cycle》（*Hype Cycle for Big Data*, 2012），2012 年。

[10] 牛津大学赛德商学院（Saïd Business School）与 IBM：《分析技术：大数据在真实世界的应用》（*Analytics: the Real-world Use of Big Data*），2012 年。

[11] Frans P. B. Osinga, Science Strategy and War: *The Strategic Theory of John Boyd*. Abingdon, UK: Routledge. 2007.

# YAN XIAN LIANG

## 闫贤良

中国艺术科技研究所文化标准研究中心 主任，任中国演出行业协会常务理事，全国剧场标准化技术委员会秘书长等职。

长期从事文化标准研究，主要研究领域有文化科技、文化产业标准化技术、公共文化服务标准化技术、文化遗产传承性保护标准化技术，目前从事文化和科技融合的文化创新和文化经济研究。

# 选择与被选择

## ——大数据背景下的大文化发展潮流

闫贤良

**摘要：** 大数据技术揭示了信息产业的背后是文化产业，文化科技形成的现代文化产业预示了大众文化时代的到来，文化数字化的背后是传统文化的现代化。大数据技术打开文化的一扇窗，大数据进入小文化，小文化变为大文化。传统意义的文化将失去往日的宁静，不再自在自为。

**关键词：** 大数据　大文化　文化科技

大数据、大数据技术、大数据时代在告诉我们什么？如果摩尔定律正确的话，回顾计算机技术的发展历程，数据、信息、文化的界限日益模糊，大数据就是大文化，大文化就是大数据。这是一个电脑解放人脑的时代。信息服务业背后是文化服务业，文化数字化的背后是大文化。

## 一、大数据大文化

### （一）大数据下的大文化——信息服务业的背后

现代信息技术以来，每两年翻一番的大数据①，对文化而言，已经不是门户网站支撑下的网络媒体，电信服务业支撑下的移动媒体，还有整个信息服务业。他们所形成的大数据，正在成为大文化的重要组成部分。

正如大数据的"4D 特性"②，大数据技术极大地改变了信息服务业的价值体系，数据边界开始向文化延伸，因为数据科学家的努力，数据直接与文化对接。信息服务业随着信息技术的迅猛发展，越来越接近文化，它所贡献的不仅仅是新媒

---

① 存储在线（DOSTORE）。

② "4D 特性"指：（网络）事件模糊（doing）、（网络）边界模糊（division）、（应用）业态模糊（distribution）、（公私）界线模糊（dividing）。

体、新型文化业态，还有整个现代信息服务业的文化参与。

《光明日报》发表《大数据颠覆思维惯例》一文，“大数据带来了全新的思维和方式，我们更应当注重它对思维的改变控制。大数据的革命特性体现在从局部到全体、从单纯到繁杂、从因果到关联、从简单到深入”①。信息技术从门户网络媒体，云计算、云服务的人文理念，到今天大数据的思维习惯改变，我们必须清醒地看到，数据和技术的不断变化，信息服务业正在一步一步地走进文化，不仅是新媒体，还是整个信息业。

“管中窥豹，窥一斑而知全貌”。② 过去我们说，若干数据构成信息，若干的信息构成文化。今天，电脑的大数据技术解放了人类智慧，它完成了个别数据与文化的科学对应。购物能反映出你的生活习惯和生活情趣，微信能反映出你的智慧和境界，当然，微博也能反映一个官员的私生活如何，有着怎样的品德，比如一只表便能定位一位“表叔”。数据穿越文化直探政治，窥一斑而知全貌，过去我们说这是猜测，是盲人摸象，今天变成了职业科学分析。正如《大数据时代》所言：我们只要知道“是什么”，不需要知道“为什么”。大数据时代的新变化，颠覆了千百年来人类的思维习惯，对人类认知和交流方式提出了全新的挑战。因此，我们必须清醒地认识到，电脑工业直接改变的是文化工业，这是一个电脑解放人脑的时代。信息服务业正在全面走向文化服务业，并成为最具竞争力的新兴文化产业。

### （二）大文化下的大数据——现代文化产业的背后

大数据技术打开了文化的窗口，它所带来的影响还有更加深刻的变革。来自信息服务业背后的第六次科技革命，纳米技术与信息技术融合，生物技术与信息技术融合，越来越聚焦的“生命科学”“认知科学”，将产生更多的文化数据和数据文化。太赫兹技术③将人与人之间思维联通，光子纠缠技术④将人与人置于同一个空间。信息技术向第六次科技革命的转移，验证了钱学森等一批科学家所预言的，科

---

① 引自中国系统仿真学会副理事长、国防大学教授胡晓峰发言。

② （宋）刘义庆：《世说新语·方正》。

③ 太赫兹（Terahertz，1THz = 1012Hz）泛指频率在0.1THz～10THz波段内的电磁波，位于红外和微波之间，处于宏观电子学向微观光子学的过渡阶段。太赫兹的独特性能给通信（宽带通信）、雷达、电子对抗、电磁武器、天文学、医学成像（无标记的基因检查、细胞水平的成像）、无损检测、安全检查（生化物的检查）等领域带来深远的影响。

④ 光子纠缠在量子通信和量子计算中的应用。

学技术正在转向人类本身，更加关注生命真谛和情感奥秘。大数据技术再一次拉近了高新技术与文化科技的距离。生命科学成为重要的文化科技基础学科。于是，高新技术产业越来越体现出重要的文化生产性服务业的特征。

信息服务业和高新技术产业带给文化艺术领域的影响是深刻的变革，是革命性的转折。信息技术与文化艺术融合，信息与心灵缔结，智慧与审美再造，正在诞生人类从未有过的新文化、新艺术。

无论我们选择与不选择，大数据技术进入文化领域是必然的选择。大数据打开了文化的窗口，便有两种新型文化业态快速成长。传统意义的文化将失去往日的宁静，不再自在自为。

### （三）文化大数据下的大文化——文化数字化的背后

文化数字化是文化信息化的原点。从数字化、网络化到智能化、云服务、大数据，文化数字化的背后是文化的全面信息化，是数字资源的社会化开放和文化再生产应用。

文化数字化也是文化高新技术产业化的原点。从数字化、网络化到智能化、云服务、大数据，再到未来的空间再现技术，科学技术日益改变文化艺术的创作生产模式，艺术走下神坛，走向专业化服务社会化生产；科技也在改变传播消费方式，失去空间和时间的自媒体文化将日益更替专业团体职能。文化数字化的背后是文化大众化。文化大数据的到来，恰好体现民族的、科学的、大众的文化到来。传统意义的六大小文化行业，无论我们愿意还是不愿意，因为社会化的生产和大众化的参与，小文化被溶解于大文化之中，被推动于政治、经济、社会的各个方面。大数据技术从政治活动、经济活动、社会事件揭示文化现象，形成文化资源的大数据大素材。大数据技术同样将小文化连接到大文化，从打开的窗口紧密地连接在政治、经济、社会、环境之中。文化大数据下走向大文化是必然的选择。

信息产业的介入，高新技术的参与，大数据技术的开窗，无论我们选择与不选择，无论我们自觉与不自觉，迅猛发展的高新科技着在改变着文化艺术的全貌。电脑革命日益解放人脑，文化现代化是必然的选择。文化的大门早晚要打开，主动迎客和被侵入，是两种结果。

## 二、“走进来”的大数据与“走出去”的大文化

今天的大数据技术打开文化的是一扇窗，未来的科学技术打开文化的将是一扇

门。大数据进入小文化，大众化对接小文化，小文化迎向大文化，信息技术及其引领的高新技术不再等待文化艺术的宁谧和安详，主动地走进了文化界内，向文化的各个领域开窗，最终打开文化的大门。不管我们是否愿意走出去，与政治、经济、社会，以及大自然交融共和，实现文化的科技自觉，大数据技术在文化领域的应用，正在考验我们选择还是被选择。

### （一）大数据技术在国家文化宏观管理的应用

如果说决策是一种智慧，电脑与外脑的介入，意味着人类智慧正在发生根本变革。政府、智库、数据库有机地契合于一体，无所不及的科学系统和无处不在的网络系统，形成有国家以来从未有过的庞大智慧系统，这个系统叫做“大脑决策”。电脑延伸了人脑，文化决策成为“人—机—人”的决策模式，数据与决策就开始了无休止的联络。在数据库、知识库、思想库成为文化决策的直接支撑以后，大数据及其技术必将成为决策分析的利好工具。亚马逊用户行为数据分析已经涉及消费者的文化心理。之外，大数据的文化市场服务和营利模式创新，越来越成为文化国策不可忽视的重要方向。尤为重要的是，摄影摄像、微信微博等文化活动直接干预政治、经济、社会、环境。文化对意识形态、经济发展方式、社会稳定、保护环境的作用也将变得更加直接。文化宏观决策的大数据技术应用，意味着文化直接进入国家战略决策体系，任何国家决策都可以有文化的干预。文化从小文化走向大文化。

中国文化管理机构对大数据的应用，如何从恐惧到信心，从被动到自觉，从应对到开发，选择与被选择，是截然不同的两种结果。

### （二）大数据技术在文化改革发展中的应用

创新是改革的目的，提高文化生产力、激发文化创造力是改革发展的宗旨。文化大数据及其大数据技术的应用，不仅为判别生产能力状况提供了新的技术途径，而且为文化创新提供了新的技术路径。大数据技术作为信息技术体系的一部分，向空间再现技术又迈进了一步，利用大数据描绘和刻画一个人的外在与内在，直接成为空间再现的重要技术之一。随着大脑信息捕捉系统在互联网中的应用，心灵感应的文化交流模式直接嫁接在大数据技术之中。新文化、新艺术在信息技术不断的迅猛发展中，呼之欲出。

信息技术向文化艺术靠拢并不断融合，越来越呈现出文化科技的发展优势。信息科技、材料科技、生物科技相互融合之后，与文化艺术的融合，催生了新型文化科技，改变的不仅是人类的思维方式、判断方式和情感表达方式，也在改变着人类的生产生活。第三空间的建设、大数据技术服务，在真正意义上实现了文化强国，文化不再是文化本身，而是对政治、经济、社会、生态的全面支撑。文化创新或早或晚，必将进入国家创新体系。技术进步对于文化行业而言，选择与被选择意味着创新与被创新。

### （三）大数据技术在文化遗产中的应用

中华民族五千年灿烂文化都在文化遗产中保存着，遗产物理载体的馆藏保护，意味着灿烂文化与社会文化的隔绝和屏蔽。如果说数字化技术使文化遗产进入文化再生产体系之中，为新型文化创作生产提供了一座座矿藏丰富的大数据，那么，大数据技术则是为文化再生产提供了矿藏资源的挖掘技术。在这里我们特别注意到，大数据技术的“非结构化”特征。遗产数字化最大的特点是建立非结构化数据，这意味着数字化采集不是今天意义上的数字拍摄、文字录入，而是有关遗产的多语言体系建构，是关于遗产对象所有信息的计算机语言化，至少包括文字、语音、图符、动作、颜色的计算机识别。中国知网的总经理王明亮说，“我们的数据充其量500TB，距离PB级还有很大距离。文化资源共享工程做了十年的结构化数据，也才73TB，按照其实施计划，也才530TB，达不到PB级。距离大数据技术应用还有很长的距离。为什么？因为我们忽视了图符、色彩和超弦理论①的第十一维②。大数据技术的真正意义是遗产中的那些非结构化的信息采集。数字博物馆、数字美术馆、数字文化馆绝不是今天意义上的数字化网络化。”

文物界对大数据技术的敏感和有序合理的应用，意味着传统文化自觉进入传承性保护体系，如果我们不敏感，馆藏文物的数字化就像盗墓一样，而大数据技术则是挖掘的利器。选择与不选择是两种截然不同的结果。

### （四）大数据技术在公共文化服务中的应用

2011年，文化部、财政部发布《关于进一步加强公共数字文化建设的指导意见》，我们对公共数字文化的认识还停留在数字技术、网络技术的层面，还在纠结“数字鸿沟”的初始困惑。大数据技术将信息服务业直接接入文化服务中，公共数字服务应当尽快从文化资源共享、电子阅览室、数字图书馆中走出来，走向大文化

---

① 引进了超对称的弦论。

② 指“弦”的振动维。

服务，走向对基层有用的商用信息、科技信息服务。公共文化服务是否能将大数据服务提上日程，标志着我国的基层公共文化能否进入国民教育体系。

### （五）大数据技术在文化事业中的应用

2012 年 3 月，奥巴马政府宣布“大数据研发倡议”①，实施多项大数据计划。之后，2013 年 6 月，美国国家安全局“棱镜计划（PRISM）”② 曝光。据网络信息，美国国家安全局信号情报（SIGINT）机构从 2010 年 6 月起就访问 PRISM 系统，直到 2012 年，使用该计划的数据撰写了 197 份报告。2011 年埃及危机从酝酿、爆发、升级到转折的全过程，脸谱网（Facebook）和推特（Twitter）始终参与，成为事件发展的“催化剂”及反对派力量的“放大器”。美国大选中，推特出尽风头；孟买恐怖袭击案，推特更是声名鹊起，既充当了新闻报道，也充当着信息传递。文化已经成为美国扩张的武器。

文化从来都是政治的反映，我国始终将文化作为意识形态的上层建筑。无论是群众文化，还是艺术文化，我们不愿被美国被侵入，但文化进入社会治理体系是我们的使命。无论是国内民族文化，还是文化走出去的民族文化国际化，大数据技术为中华民族传统文化进入社会治理体系提供了可能。

### （六）大数据技术在文化产业中的应用

尽管大数据技术来自信息产业，但大数据技术为文化创作、生产、传播、消费

---

① 北京时间 3 月 29 日，美国政府宣布了“大数据研究和发展倡议（Big Data Research and Development Initiative）”，来推进从大量的、复杂的数据集合中获取知识和洞见的能力。该倡议涉及联邦政府的 6 个部门［美国国家科学基金（NSF）、美国国家卫生研究院（NIH）、美国能源部（DOE）、美国国防部（DOD）、美国国防部高级研究计划局（DARPA）、美国地质勘探局（USGS）］。这些部门承诺将投资总共超过两亿美元，来大力推动和改善与大数据相关的收集、组织和分析工具及技术。此外，这份倡议中还透露了多项正在进行中的联邦政府各部门的大数据计划。

② 棱镜计划（PRISM）是一项由美国国家安全局（NSA）自 2007 年小布什时期起开始实施的绝密电子监听计划，该计划的正式名号为“US－984XN”。美国情报机构一直在 9 家美国互联网公司中进行数据挖掘工作，从音频、视频、图片、邮件、文档以及连接信息中分析个人的联系方式与行动。监控的类型有 10 类：信息电邮、即时消息、视频、照片、存储数据、语音聊天、文件传输、视频会议、登录时间、社交网络资料的细节，其中包括两个秘密监视项目，一是监视、监听民众电话的通话记录，二是监视民众的网络活动。2013 年 7 月 1 日晚，被维基解密网站披露，随后美国“棱镜门”事件泄密者爱德华·斯诺登（Edward Snowden）在向厄瓜多尔和冰岛申请庇护后，又向 19 个国家寻求政治庇护。

提供了新的方法和途径。《纸牌屋》的文化市场运作，为文化市场消费模式拓开了新路。大众化的自媒体创作是生产消费一体化，这是大数据带给文化产业的深刻变革。

2013 年 7 月 23 日，科技部高技术中心和华中科技大学在北京西苑饭店分别主持了“大数据技术在文化资源管理中的应用”沙龙，与会专家提出，大数据分析等先进信息技术手段，对加强数字化文化信息资源的分析挖掘与共享利用有着重要用途。大家的关注点依然停留在数字化文化资源的管理、利用、共建、共享，目不转睛地盯着文化系统的文化资源。殊不知大数据技术是信息技术向文化领域释放的“信息文化”的又一个新技术，是关于信息走向文化的又一次信号，是信息产业向文化产业的又一次靠拢。信息产业与文化产业的融合，意味着文化直接进入国民经济体系。大数据为大众和其他产业提供文化应用的有效技术路线。

文化领域不能成为出卖资源的财主，应当在现代文化产业中有所作为、有所地位。选择与不选择，意味着我们在文化产业结构中的地位和作用。

### （七）大数据技术在文化市场中的应用

我国文化市场的管理始终关注市场服务主体，很少关心市场消费主体，包括文化产品消费主体和文化要素消费主体。政府职能的受限主要来自于消费调查的技术手段缺乏，而大数据技术则提供了消费调查和市场分析的有效工具。

无论是政府还是第三方，文化市场的大数据技术应用，意味着文化得以进入国民消费体系。

信息技术走过了数字化、网络化、智能化、物联网、云计算。今天，大数据时代到来。大数据技术成为全世界信息技术发展的前沿技术，正在势不可挡地进入生产生活的各个领域，颠覆着我们的思维模式、行为习惯，正在以迅雷不及掩耳之势接近人类的情感体系。正如大数据时代的特征所反映的大文化发展趋势，事件模糊、边界模糊、业态模糊、界限模糊（私有的公有的），大数据背景下的大文化发展势不可挡。世界列强都开始了文化数字化，台湾“数位典藏计划”一期就投入 18.54 亿人民币（文监会）①，我们的文化现代化选择与被选择，是两种结果。

从鸦片战争开始，中华民族就一直处在被现代化的屈辱和无奈之中。大数据技术再一次提醒我们，现代化的选择与被选择，是完全不同的两种结果。

---

① 思哲：《文化资源数字化的国家行动》，《中国文化报》2013 年 1 月 8 日。

# 第二章
# 中观视角：大数据与大文化

# YU PING

# 于 平

博士、教授、博导。现为文化部文化科技司司长。兼任全国艺术科学规划办公室主任、中国文联全委会委员，北京文艺评论家协会副主席。

曾任北京舞蹈学院主持工作副院长（1996—2001），文化部艺术司副司长（2001—2004），司长（2004—2009）。曾先后被评为北京市青年学科带头人（1993）、国家文化部优秀专家并享受国务院专家津贴（1996）、国家有突出贡献的中青年专家（1998）。著有专著多部、论文多篇，涉及舞蹈史论、舞台演艺、文艺理论等。

# 大数据时代的艺术学对策研究

于 平

**摘要**：当我们正视艺术学研究的“短板”现象和“问题意识”薄弱之时，我们发现不断产生“问题”的时代其自身也是我们亟待关注的“问题”。无论是解决时代的“问题”，还是应对“问题”的时代，我们都必须关注大数据时代的思维转变。

大数据由于数量巨大，且来源庞杂、非结构性强，它通常用概率说话而并不给出精确的判断。就对策研究而言，无疑要求我们日益增强数据的分析能力，有效实现对未来的预测能力。

**关键词**：艺术学 对策研究 思维转变

2011年2月，国务院学位委员会审议批准了经过调整的《学位授予和人才培养学科目录》。这个学科目录的颁布顺应了我国艺术学界长期的、强烈的诉求，艺术学由一级学科升格为学科目录中的第13个学科门类。当时我曾撰文，认为艺术学的升格主要不是学理建构的效应而是学域扩张的影响。我曾指出：对于艺术学的学理建构，事关学科门类独立后的学科品质。艺术学各艺术样式学理建构的特质，在于其具有极高艺术含量的实践性。如何将这种“实践性”上升为“实践理性”，是艺术学学理构建的核心课题。① 两年过去了，我总觉得艺术学学理建构似乎还缺点什么，而这个所“缺”之“点”不只是在实践性上升为实践理性方面显得薄弱，在“学理性”转化为“学理对策”方面也显得极度疲软。

## 一、必须正视艺术学研究的“短板”现象

对一个事物水准高低的总体评价，不在其“高围”而在其“短板”。尽管多年来艺术学学理建构成就斐然，但它在对策研究方面存在着明显的不足。

---

① 《中国文化报》，2011年5月23日。

### （一）对策研究的“短板”在于“问题意识”的薄弱

我们所说的艺术学“对策研究”，不是艺术学“研究对策”。我在有些学术机构做这一讲座时，主持人往往会说成“艺术学研究对策”。或许在其潜意识中感觉到艺术学研究的某种不足，认为需要在“对策”上加以考量。其实，我们所说的“对策研究”，是对既往“应用研究”或“现状研究”的一种更具针对性、更讲有效性的表述。相比较而言，应用研究过于把重心放在基础研究，强调的是基础研究的“应用”，而现状研究则过于把重心放在现状的描述，不强调提出“问题”，并进而提出“对策”。很显然，我们较少提“对策研究”，本身就意味着针对性“问题意识”的薄弱，也意味着有效性“价值关怀”的缺失。

这可能意味着，我们基础研究与对策研究的关联性出现了某种断裂。基础研究是普遍性的学理研究，对策研究是特殊性的学识研究；前者是后者的累积与升华，后者是前者的推演与修正。基础研究与对策研究关联性的断裂，可能主要在于基础研究研究程序的内在化。也就是说，基础研究过于沉迷于纯粹的学理研究，不关心对策，因而也难以在对策研究中获取新的学识。基础研究与对策研究的关联，是普遍性与特殊性的关联，这个关联的断裂，在于我淡忘了普遍性寓于特殊性这一哲学命题。基础研究的学理，是对既往众多特殊性的分析与归纳，是艺术学研究的存量；对策研究的学识，是在新的特殊性面前将既往的普遍性加以推演与修正，是艺术学研究的增量。我们当前亟须解决的，是不断通过增量的特殊性学识去构建存量的普遍性学理。

基础研究与对策研究关联性的断裂，虽然矛盾的主要方面在于对策研究的明显不足，但对策研究的“短板”也促使基础研究不可避免地呈现出“板短”。基础研究的“书斋化”与对策研究的“急就章”是这一断裂必然给双方都带来的后果。事实上，当基础研究沉湎于“本本”之时，也同时是对策研究失语于“现象”之际。一方面，是基础研究的“书斋化”隔绝了“源头活水”；另一方面，是对策研究的“急就章”呈现为“水上漂萍”。这需要我们同时加强基础研究的对策指向和对策研究的基础意识。就艺术学对策研究的问题意识和基础意识而言，我以为近年来《中国艺术报》给予了极大的关注并取得了显著成就。仅2013年以来，就有颜榴《叩问国家美术馆》（1月14日）、杨瑞庆《期盼戏曲新流派脱颖而出》（1月18日）、陈友军《青春偶像剧的“人”与“城”》（1月2日）、乔燕冰《能否诗意地栖居在自己的屋檐下》（2月4日）、赵勇《从摇滚到民谣：“批判现实的音乐轨迹”》(2月4日)、周思明《对当前相声的思考和谏言》(2月25日)、慕羽《中国音乐剧发展要树立“多变目标”》(3月4日)、刘厚生《建设社会主义文化强国,戏曲怎么办?》(4月17日)、乔燕冰《中国舞者,为何难以走出生存魔咒?》(4月17日)、汪人元《优秀戏曲唱腔的“新”与“高”》(5月15日)、贾方舟《写实主义在当代的可能性》(5月29日)、刘星《中国民族管弦乐队之思》(6月17日)、章旭清和付少武《西方“艺术终结论”对中国艺术发展的现代隐喻》(6月19日)等多篇佳作问世。可以认为,关注对策研究不仅强化了《中国艺术报》对艺术学研究的针对性和有效性,而且极大地提升了该报的影响力和美誉度。

### (二)“问题意识”是时代的声音并指向“价值关怀”

北京大学教授何怀宏出了一部关于思辨集萃的文集,书名就叫《问题意识》。书的代序是何怀宏在北京大学的一次演讲,题为《问学之路》。讲演中,他杜撰了一副对联来区别“学术”与“学问”,联曰:“学术是大家的,学术乃天下之公器,有规有界;学问是个人的,学问乃自我之心得,无端无涯。”他为这副对联作的横批叫“有学乃大”。这里的学术,即我们前述基础研究的学理;这里的学问,也就是我们所说对策研究的学识。学术、学问关注的是过程,而学理、学识强调的是结果。在我看来,学识不仅是学问追求的产物,而且也是学问价值的支撑。因此我认为,学问从无端无涯来说是自我之心得,但从有用有效来说也应是天下之公器。

在何怀宏看来,“学术”首先是“学述”,但要“述”得周全、述成系统、述出新意并非易事。现在的“基础研究”,当然不会“述而不作”,其“有规有界”的方式是“先述后作”,也即冯友兰所言先“照着说”再“接着说”。如果“对策研究”缺失,这种“接着说”恐怕只会是“照着说”的逻辑推演,而非基于“对策研究”成果之“看着说”的自觉修正。与“学术”不同,“学问”的本质在于“问学”,也就是学由“问”起、学解“问”惑、学释“问”疑。我们说“学问”既是“自我之心得”也应是“天下之公器”,在于“对策研究”强调的“问题意识”是时代的声音,应对“问题意识”所指向的“价值关怀”是大众的情怀。

何怀宏指出“学问”有“知识性的问”和“思想性的问”之分,前者如孔子的“子入太庙,每事问”,后者如苏格拉底对知识“果真如此?”的诘问。我把这两种“问”视为“求知之问”与“求真之问”。其实,我倒愿意视这两“问”为我们做“对策研究”的两个步骤,即先“求知”再“求真”。只是在求知、求真之后,我们还要求策——求有针对性、讲时效性的应对之策,这个求策就是我们应对问题意识所指向的价值关怀。鉴于对所求之策的价值关怀还会有价值的评估与考量，我们对对策研究的问题意识一不要“可怜夜半虚前席，不问苍生问鬼神”，二不要“躲进小楼成一统，管他冬夏与春秋”。“问题意识”是时代的也是社会的。

## 二、必须关注大数据时代的思维转变

当我们正视艺术学研究的“短板”现象和“问题意识”薄弱之时，我们发现不断产生问题的时代自身也是我们亟待关注的问题。无论是解决时代的问题还是应对问题的时代，我们都必须关注大数据时代的思维转变。

### （一）大数据将改变我们理解社会的方法

牛津大学网络学院互联网研究所教授维克托·舍恩伯格著有《大数据时代》一书，认为大数据会改变人们的行为方式、思维方法乃至价值观念。大数据又称为海量数据，指的是所涉及的资料量规模巨大到无法透过目前主流软件工具，在合理时间内达到撷取、管理、处理并整理成我们决策时实现更积极目的的咨询。大数据由于数量巨大，且来源庞杂、非结构性强，它通常用概率说话而并不给出精确的判断。就对策研究而言，无疑要求我们日益增强数据的分析能力，有效实现对未来的预测能力。

关于大数据的特征，业界解读的关键词是4V，即Volume（容量）、Variety（种类）、Velocity（速度）和Value（价值）。Volume指的是巨大的数据量和数据完整性，Variety指的是在海量、繁杂的数据间发现其内在关联，Velocity指的是更快地满足实时性需求，而Value指的是获得洞察力和价值。4V中最重要的是Value，这是“大数据”应用的最终意义。正如学者们所说：“大数据”时代是人工智能、机器学习和数据挖掘等技术迅速发展所驱动的一个历史进程。这个进程要求我们将信号转化为数据，将数据分析为信息，再将信息提炼为知识，以知识促成决策和行动。

鉴于大数据时代的4V特征，舍恩伯格认为它将为信息分析带来三个转变：一是信息分析“更多”，我们将面对全体数据而非随机样本；二是信息分析“更杂”，它要求我们在扩大数据规模时要学会拥抱“混乱”；三是信息分析“更相关”，这需要我们善于找出原本毫无关系的数据间的关联性。其中第三个转变，也即对信息分析“更相关”的认识至关重要。如舍恩伯格所言：“有了大数据后，人们会认识

到，其实很多追因溯果的行为都是白费力气，都是没有根据的幻想，会让思维走进死胡同。如果转而把注意力放在寻找关联性上，即使不能找到事物发生的原因，也能发现促使事物发生的现象和趋势，而这就足够了。”

### （二）对策研究需要放弃“因果”寻找“关联”

放弃“因果”寻找“关联”，是学者们应对“大数据”时代信息分析的重要主张，是这一时代最应强化的思维转变。我曾读到钱旭红院士①关于“思维之变”的演讲稿，主题谈的是由经典力学促成的“经典思维”向量子力学影响的“量子思维”的转变。为什么要强调“思维之变”，一个重要的动因在于我们需要预测、把控未来，而关注、理解过去并不能胜任这一任务。在钱旭红看来：“经典的世界及其思维强调机械、肯定、精确、定域、因果、被动、计划；而量子境界及其思维带来的是差异、可能、不准、离域、飘忽、互动、变幻。”用我的话来说，“经典思维”是基于知识的思维，在对“过去”的关注理解中强调着“因果律”；而“量子思维”是探求未知的思维，在对“未来”的预测把控中强调着“关联性”。寻找“关联性”，如舍恩伯格所说：“即使不能找到事物发生的原因，也能发现促使事物发生的现象和趋势，这就足够了。”这也是我们“对策研究”的主张。

思维是人的思维，是在人的认识世界和改造世界的活动中发展起来的。认识世界是关注理解过去，改造世界则需要预测把控未来。马克思曾从两个不同的视角来定义“人”，在论及人的“类本质”时，他说“人是全部世界史的产物”；但他更认为“就其现实性而言”，“人是一切社会关系的总和”。很显然，人的“类本质”指向的是因果关系，而人的现实性强调的则是相关关系。在“全部世界史”的因果关系和“一切社会关系”的相关关系之间，我们的基础研究指向前者而对策研究强调后者。对策研究成为我们研究工作的“短板”，其实并非仅仅发生在艺术学研究领域，但我们显然不能因为“彼此彼此”而“安然现状”。

大数据时代诞生了数据科学家，他们当然知道追求事物的起因是人类的天性，知道人们视“寻找原因”为终级思维。但他们坚信，在大数据时代追求因果的过程往往是无果，通过关联性而不是因果关系来认识世界，才能有助于我们更好地了解世界。这是因为，我们认识、了解的世界是现实的世界，而这个现实世界的真相，

---

① 钱旭红，长江学者、博士、教授、国家“973”项目首席科学家、教育部跨世纪优秀人才培养计划入选者、国家杰出青年基金获得者、上海市科技精英。

要从“一切社会关系”中而非“全部世界史”中来探求。在这个意义上，扁平地看世界是为了能更透彻地看到“相关性”，看到更多在传统思维中原本被忽略的复杂关系。当舍恩伯格告诉我们，认识了解世界“只需知道是什么，而不需知道为什么”之时，其实是说真实的、准确的“是什么”要透彻地去分析种种相关，潜相关或貌似不相关的“相关性”。这正是对策研究的思维取向。

## 三、必须探索艺术学对策研究的“求策”能力

如前所述，艺术学对策研究要从问题意识导入，要以价值关怀应对，这个研究的过程与求知、求真、求策的一脉相承。

### （一）对策研究要反思“历史—美学”的方法

艺术学研究，曾经有过“新方法”的探索与选择。探索“新方法”，本意是使研究具有新视角并呈现新气象。但因为在整体研究格局上，我们切割成艺术史、艺术原理和艺术批评三块，同时又纠结于基础理论研究和应用研究之间，使得“新方法”的抉择在艺术学研究中给人一种为方法而方法的印象，给人一种在变着法子阐述既往而非需求路径预测未来的印象。其实，我们既往“历史—美学”的方法已经从历史的因果律和美学的相关性中架构起研究理念的坐标，只是我觉得要将这个坐标深化到发生学的“认知建构”和格式塔的“整体把握”中去。因为“认知建构”是指向未来的“因果追溯”，而“整体把握”是提出对策的“相关检索”。

有了这个认识，我们的对策研究先要明了艺术学研究的本质是情感与形式的相关性研究，而要使这种相关性研究具有针对性并实现有效性，就要树立以“艺术创作”为内核的研究理念。正如艺术创作不能脱离对社会生活的艺术把握，不能走向艺术语言自我运演的内在化，艺术学研究也不能脱离对艺术创作的学识建构，不能走向普遍学理循环论证的内在化。情感与形式的相关性研究，重点是艺术创作中情感与形式在相互关联中双向建构过程的实现。这个双向建构的过程既是犬牙交错、足履异码的过程，也是相互匹配、相互激扬的过程，如何使前一过程的矛盾状态转换到后一过程的和谐存在，是我们艺术学对策研究的核心理念。

情感与形式的相关性研究是充满异数、充满变量的研究。在许多情况下，由这些异数、变量而造成的研究的复杂性，会由研究的核心层波泛到相关层乃至外围层。在我看来，以艺术创作为内核的核心层，核心是创作思维，包括思维的材料、

逻辑、意象衍生和形象物化等。而相关层主要是创作语境，包括创作者的言说语境和大众的接受语境，包括语境的历史给定和未来生成，包括语境的局域读解和互联共谋。而所谓外围层，是那些看似不相关、点击无链接，但可能在更深层面上影响、制约相关层乃至核心层的种种要素。在大数据时代反思“历史—美学”的方法，一要拓展，二要深化，在拓展和深化相关性中预测把控未来。

### （二）对策研究的角度选择、协同应对和集成创新

对策研究的拓展和深化相关性，先要确立自己的视角。大数据时代使人们获得了视野，但不能定位视角的视野有可能让我们身陷沼泽且四顾茫然。定位视角就是我们所说的角度选择，在数据处理时叫做关键词或者主题词的确认。在某种意义上来说，问题意识的产生、构成及其对未来的预测和把握，都深深维系于角度。角度窄了会把问题看得褊狭，角度阔了会把问题看得稀松，角度的俯视会把问题看得轻巧，角度的仰视又会把问题看得繁缛……更重要的还在于角度的切入点，虽然不能不受“个人之心得”的影响，但切入点一定要有“天下之公器”的胸襟。对策研究作为特殊性的学识研究，角度选择是切入点也是关键点。想起罗丹所说的“世界上不是缺少美而是缺少发现”，应该指的是缺少“发现的角度”，因为没有“发现的角度”也不会有我们的问题意识。

如果说关键词定位着数据处理时的角度选择，接下来的工作是通过相关链接来思考协同应对。相对于基础理论研究而言，我们之所以不提应用研究而主张说对策研究，就在于当下问题意识的应对，往往不可能从既往基础研究的普遍学理中找到现成的对策。大数据时代之所以格外强调放弃因果寻找关联，一是在于关联本身就可能蕴藏着因果，二是在于关联才可能为对策提供更为丰厚的举措。事实上，就对策研究的进行而言，相关链接一点也不比角度选择来得轻松。相关链接要求我们开阔眼界、开放思维、开拓疆域，不必纠结于是否超出了个人的认知水准和应对能力，因为我们本来就是跨界结盟、协同应对并在此基础上实现集成创新。

集成创新现在主要应用于科技进步的自主创新，与原始创新、引进消化吸收再创新三位一体。其实，孔老夫子因对先贤高论的“述而不作”就被称为“集大成者”，他其实也就是“集大成创新”者。回望我们数千年文明史，其实交替着“集成创新”和“继承创新”，后者往往体现为文脉的延续而前者往往意味着文珍的搜集。在我看来，继承创新讲的是“通中求变”而集成创新讲的是“变中求通”，我们先贤更看重的是“变则通，通则久”。

集成创新是大数据时代进行对策研究最应强化的意识和能力。在角度选择、协同应对之后，集成创新通过要素的集成和模型的建构提出价值关怀来化解问题意识。实现集成创新，我们一要有大视野，实现要素的充分占有；二要有厚积淀，实现要素的精当撷取；三要有强逻辑，实现要素的有机整合；四要有高站位，实现要素的结晶升华！为此，我们的研究者需要培养、强化四种意识：一是自主意识，即集成要素及其模型建构要服从主体解决对策的研究需要；二是跨界意识，这包括开放集成要素的空间跨界和主体建模的思维跨界；三是协调意识，即善于围绕应对问题来借助外脑，集思广益以谋篇布局；四是前瞻意识，这就是通过应对问题、提出价值来预测把控未来，也通过对策研究特殊性的学识建构去使基础研究的普遍性学理得到丰富与发展。

# GAO SHU SHENG

## 高书生

中宣部改革办副主任兼财政部文资办副主任，国家行政学院兼职教授、北京大学中国保险与社会保障研究中心研究员。

曾在国家体改委、国务院体改办工作，参与国家若干改革方案的制定。2003 年以来，主持和参与文化体制改革总体文件和配套政策、文化产业振兴规划、金融支持文化产业政策、文化产业支撑技术等制定工作，主持《国家“十二五”时期文化改革发展规划纲要》起草工作。

# 加快建设“中华文化素材库”

高书生

**摘要：**我国是文明古国、文化资源大国。海量的文化资源，主要集中在图书馆、博物馆、美术馆、纪念馆、文化馆等公共文化机构，以及电台、电视台、电影制片厂、出版社、唱片公司等文化生产部门。以文化资源数字化成果为原料，集成运用各种新技术，萃取中华文化之要素，并分门别类标签化，就可以形成“中华文化素材库”。如何建设、挖掘“中华文化素材库”，对于传承和传播中华文化、变革文化生产方式、发展文化生产力具有划时代的意义。

**关键词：**中华文化素材库　文化生产方式　文化建设

《国家“十二五”时期文化改革发展规划纲要》提出了文化建设九大工程，其中一项是文化数字化建设，包括在文化资源、文化生产、文化传播和文化消费各环节全面数字化。“中华文化素材库”是文化资源数字化催生的一座文化“金矿”，发掘这座文化“金矿”，对于传承和传播中华文化、变革文化生产方式、发展文化生产力具有划时代的意义。

## 一、激活中华文化之瑰宝

我国是文明古国、文化资源大国。海量的文化资源，主要集中在图书馆、博物馆、美术馆、纪念馆、文化馆等公共文化机构，以及电台、电视台、电影制片厂、出版社、唱片公司等文化生产部门。

近年来，公共文化机构的免费开放，使越来越多的观众特别是青少年，与祖国的文化瑰宝近距离接触，与创造璀璨文化的祖先及贤人进行心灵对话，感悟中华民族薪火相传之根、之脉、之魂。与此同时也伴生两个问题：一是公共文化机构藏品众多，展陈的只占其藏品的很小比例，存在“看不全”的问题；二是公共文化机构的展品年代久远，内涵丰富、深刻，专业性强，存在“看不懂”的问题。传承和传播中华文化，急需激活沉睡于仓库的藏品，让不说话的文化瑰宝“动”起来、

“活”起来。

数字化和网络化时代，文化消费终端已经实现数字化，不仅新的文化消费终端都是数字化产品，如手机、平板电脑，而且传统的文化消费终端也正在进行数字化改造，如电视机、电影院。文化消费终端已趋于多样化、个性化和便捷化，各种移动终端更是年轻人的时尚标签，年轻一代更习惯于从数字化终端获取资讯。唯有把文化瑰宝转化为各种数字化文化产品和服务，才更容易被年轻一代所接纳，悠久璀璨的中华文化才会代代相传。文化消费的数字化，“倒逼”处于上游的文化创作、生产和传播实现数字化，从而引发文化生产方式的根本性变革。

文化数字化，前提是文化资源要数字化，从而激活文化资源。近年来，我国文化资源数字化已有长足进展。从面上看，自2001年起，国家启动全国文物调查及数据库管理系统建设，历经十年，全国文物系统博物馆已采集馆藏珍贵文物数据，仅拍摄一级文物的照片就有387万张；自2002年起，中国民族民间文艺基础资源数据库建设启动，已建成戏曲、音乐、舞蹈、曲艺、民间文学等分数据库。从点上看，“数字故宫”“数字敦煌”“国家数字图书馆”等实施多年，积累了诸如“会说话”的《清明上河图》等数字化产品；自1999年起，中央新闻电影纪录片厂开始对台本进行数字化录入，把编导拍摄纪录片时为每一个镜头写下的说明文全部进行数字化；自2012年起开始对以胶片形式保存的纪录片进行数字化处理，抢救了一批时间跨度达百年之久的珍贵历史影像。

## 二、萃取中华文化之要素

以文化资源数字化成果为原料，集成运用各种新技术，萃取中华文化之要素，并分门别类标签化，就可以形成“中华文化素材库”。不同于一般意义上的素材库，“中华文化素材库”忠实于本体，具有本源性、真实性，主要表现在：对应于物质文化遗产，必须是“原模原样”；对应于非物质文化遗产，必须是“原汁原味”；从影像中萃取，必须是“真人真事”；从艺术品萃取，必须是“真品真迹”。

从文化呈现要素来划分，“中华文化素材库”至少应该包括以下类别：

### （一）中华字库

字库的本义是字体及相关字符的集合体，以便于文字在计算机及电子产品上得以呈现和运用。随着计算机的普及，通用中文字库建设已经很成熟，开始向个性化、美术化方向拓展，凸显汉字的张力。没有字库，文化资源就不能数字化。中华字库不是一般意义上的中文字库，它集成浩瀚的中华古籍之元数据，是文字记载的中华文化之集大成者。中华文化源远流长，仅以汉字记载的古籍就不胜枚举。中华古籍经过数字化加工生成的元数据，以及经数字化加工而生成的文献元数据，都是中华字库的重要内容。建成中华字库，无论何时何地，使用何种终端，可以使古籍、文献的检索即时可得。

### （二）中华音库

中华音库不同于一般意义上的中文语音库，它是中华文化的声音标本库，其主要来源，一是储存于档案馆的录音档案。二是储存于唱片公司的老唱片，如中国唱片总公司拥有庞大的声音资料库。三是储存于文化生产部门和科研机构的录音资料，如中央新闻电影纪录片厂上千部纪录片的原声，中央人民广播电台《阅读和欣赏》等节目中的原声，上海译制片厂的配音等。

### （三）中华像库

按照影像的特征，中华像库分为静像和动像两大类，静像包括对文物、书画、建筑等拍摄或扫描成像的图片元数据，动像包括对纪录片、美术片、科教片等数字化加工生成的元数据。中华像库是中华文化的形象素材库。博物馆、美术馆、纪念馆等公共文化机构的馆藏品，新闻电影制片厂等文化生产部门的纪录片、科教片、美术片及其素材，书报刊出版社保存的画稿、书法、图片以及音像出版社保存的视频资料，专门针对中国古建筑拍摄的照片等，经过数字化采集加工，都是中华像库的重要素材。

### （四）中华乐库

在世界音乐史上，中国音乐独树一帜，乐理、乐器、乐谱颇具特色。中华乐库是中华文化的音乐素材库。中国民族民间文艺基础资源数据库、中国民族民间音乐录音，以及在音乐类出版社、艺术院校等机构保存的音乐资料，专家学者专门研究中国乐器的原始声音、收集整理中国古代乐器的谱系，都是中华乐库的素材来源。

### （五）中华舞库

杂技、武术、舞蹈等以动作、肢体表情达意、传递文化。中华舞库就是中华文化的形体标本库。杂技是一门古老的艺术，在画像、瓷器及工艺品中，常常可以看到杂技的生动形象，以杂技为题材的民间风俗画很多。武术也是中华民族的文化遗产，有关武术的书籍、挂图、影片及录像也很多。集成这些素材，就可以打造丰富多彩的中华舞库。舞蹈是以有节奏的动作为主要表现手段的艺术形式，从画像、影片、录像等载体中，也可以提炼出许多元数据，充实中华舞库。

### （六）中华剧库

戏曲是我国特有的民族艺术，剧种上百个，传统剧目则数以万计。中华剧库是中华文化的剧种剧目库。文化艺术研究机构保存的戏曲志、戏曲唱片、戏曲录像，电影资料馆保存的传统剧目的录音录像，唱片总公司收录的已失传的地方剧种的老唱片，以及部分地方文化生产部门保存和抢救出的部分戏曲录像资料，经过数字化加工整理，生成元数据，都是中华剧库的素材。

## 三、发掘中华文化之金矿

数字化和网络化改变了人类生活方式，正在推动文化生产方式的变革。加快建设“中华文化素材库”，就是顺应这一趋势，从源头上发力，发掘这座文化“金矿”，为变革文化生产方式打牢基础。

建设“中华文化素材库”是文化建设的基础性工程，对文化再生产的创作、生产、传播和消费等环节必将产生深刻影响。在文化创作上，文化资源的集成和集聚极大地丰富了创作素材，有利于激发创作灵感、缩短创作周期、避免凭空杜撰；在文化生产上，文化资源转化为文化生产要素，既盘活了存量资源、缩短了生产周期、提高了生产效率，又避免了技术和艺术的脱节，为文化产品和服务植入文化的根；在文化传播上，中华文明成果以数字化形态呈现，顺应了文化传播多渠道、多载体的趋势，提升了中华文明的展示水平；在文化消费上，数字化文化产品和服务，无缝对接任何文化消费终端，使文化消费具有了更加便捷，随时随地，即时可得的特点。

建设“中华文化素材库”是一项系统性工程，要在文化资源数字化的基础上，把文化要素碎片化、标签化，生成元数据，分门别类地梳理、入库。我国文化资源分布广泛，既涉及公共文化机构，又涉及文化生产部门，既有公益性的，又有经营性的，需要妥善处理分散化和统一性的关系。文化资源的数字化加工以分散化为主，谁的资源谁加工，但要执行统一标准；文化素材的展示和交易要充分体现统一性，要把分散化加工整理的素材，放到统一的平台进行展示和交易，在更大范围内对接供给和需求，促进中华文化素材的推广和应用。

建设“中华文化素材库”，功在当代、利在千秋，发掘这座文化“金矿”是文化建设的长期性工程，不可能“一蹴而就”，更不会“立竿见影”，需要总体规划、分步实施。要把建设“中华文化素材库”同推动文化产业转型升级结合起来，从需求出发，按需开发，有针对性地加工与目前需求相关的文化资源，为文化创作生产全面数字化提供素材和要素；要把建设“中华文化素材库”同现代文化传播体系建设结合起来，从供给入手，以公共文化机构和文化生产部门已有数字化文化资源为基础，加快开发数字化文化产品和服务，以广播电视传输网络为载体，建设“电视博物馆”“电视美术馆”“电视图书馆”，让大众通过电视机就能够尽情欣赏中华文明数字化成果，建立起中华优秀文化的传播和传承体系。（以下附中华文化素材库简表）

**中华文化素材库简表**

| 类别 | 基本含义 | 主要来源 |
| --- | --- | --- |
| 中华字库 | 中华文化的文献记录库 | 中华古籍、文献经数字化加工而生成的元数据 |
| 中华音库 | 中华文化的声音标本库 | 对全国档案馆、唱片公司、文化生产部门和科研机构保存的录音档案和老唱片进行数字化加工而生成的元数据 |
| 中华像库 | 中华文化的形象素材库 | 对公共文化机构的馆藏品、文化生产部门保存的纪录片、科教片、美术片及其素材以及画稿、书法、图片、视频资料等数字化加工而生成的元数据 |
| 中华乐库 | 中华文化的音乐素材库 | 对公共文化机构、文化生产部门、艺术研究机构和艺术院校收藏的中国音乐录音资料进行数字化加工而生成的元数据 |
| 中华舞库 | 中华文化的形体标本库 | 对画像、瓷器、书籍、挂图、影片、录像、工艺品中的杂技形象、武术表演和舞蹈等进行数字化加工提取的元数据 |
| 中华剧库 | 中华文化的剧种剧目库 | 对公共文化机构、文化生产部门、艺术研究机构和影视资料馆等保存的戏曲唱片、戏曲录音录像资料和戏曲志资料进行数字化加工提取的元数据 |

# ZHANG XIAO MING

## 张晓明

中国社会科学院文化研究中心常务副主任、研究员。中国传媒大学文化产业研究院博士生导师、国际文化产业论坛秘书长（已举办4届）、世界文化多样性论坛秘书长等。

主要研究方向为文化政策、文化产业理论、国家文化发展战略、文化哲学、社会哲学、经济伦理学等。“文化产业重大课题研究计划”管理办公室主任，专家委员会主任、首席科学家；国家社会科学基金特别委托项目“先进文化建设与文化体制改革”主持人；中宣部《文化体制改革总体方案》和《国家“十一五”文化发展纲要》起草小组专家组成员等。

主编的著作有《中国文化产业发展报告》《国际文化产业发展报告》《中国少数民族文化发展报告》《中国公共文化服务发展报告》等。

# SONG GE XIN

## 宋革新

博士，在中国社会科学院哲学所博士后流动站从事研究工作，主要研究领域为文化产业（学术专长为期刊产业研究）。曾任《消费指南》杂志副主编、《LADY 都市主妇》杂志副主编等职。获中国博士后科学基金资助、中国社会科学院第三届“优秀皮书奖·报告奖”二等奖、第二届中国博士后文化发展论坛优秀论文三等奖等科研奖项。

大数据与文化产业

# 大数据与我国文化产业发展战略

张晓明 宋革新

**摘要：**我国文化产业从无数据时代走向有数据时代，其实就是最近几年的事。大数据时代的到来，要求文化产业发展战略研究基础的数据化、研究方法的专业化和学术语言的通用化，那么首先要保证信息开放，这是迎接大数据时代的一个前提条件。另外，观念的解放也至关重要，迎接大数据需要我们面向未来接受新的研究范式、新的理论方法，当然，制度建设作为基础也至关重要。

**关键词：**文化产业发展战略　战略资源　信息开放　观念解放　制度建设

目前，大家对大数据的概念、特征还没有形成共识。一部分人认为，大数据只是对大规模数据、海量数据等进一步地描述和拓展；另一部分人则认为，大数据是指现有技术无法处理、现有理论无法描述、现有方法无法应对的数据。然而，无论我们如何描述和解读大数据，其现实来源主要有三个：第一，来自计算机服务器，例如成百万数量级的各类日志文件；第二，来自网站用户，例如脸谱（Facebook）、推特（Twitter）等社交网站用户创造的信息，达十亿数量级；第三，来自各类数字设备，例如各类传感器、物联网设备、智能手机等，这类数据越来越多，越来越普遍，有百亿数量级。这三类数据构成了当下最主要的大数据时空。在了解其时空范围后，我们就会发觉，大数据本身只是“矿藏”，只有通过处理、分析等“挖掘”“提炼”后，其价值才能显现；而如何处理、分析，显然与使用目的直接相关，也就是说，数据（包括大数据）形成价值的核心在于一个“用”字，这个字也正是理解大数据与我国文化产业发展战略之间关系的一个很好的切入点。

## 一、从无数据到有数据：战略研究的数据化、专业化、通用化

在总体上，我国文化产业从无数据时代走向有数据时代，其实就是最近几年的事。直到 2004 年，我国才有了文化产业统计指标体系。此后，相关统计数据有些年份发布，有些年份不发布。到了 2012 年，我国才开始确定下来每年发布文化产

业的统计数据，即进入了一个有数据时代。

### （一）研究基础数据化

文化产业发展战略研究必须用数据说话。数据之所以重要，是因为它可以精确地描述事实，反映逻辑和理性。美国麻省理工学院商学院的教授埃里克·布伦乔尔森（Erik Brynjolfsson）领衔的一项研究发现，决策依赖数据的公司的运营情况，比不重视数据的公司要出色得多——前者的生产力比后者高6%。同理，在我国文化产业发展总体上进入有数据时代后，我们进行的文化产业战略研究，显然必须置于数据化基础之上。

例如，我所就职的中国社会科学院文化研究中心，每年都要发布文化产业发展战略研究成果——《文化蓝皮书：中国文化产业发展年度报告》，于是我们也就每年都要为数据而苦恼。直到2012年，我们终于看到了曙光：国家每年要公布权威数据了！虽然这个数据仍属于“小数据”，但毕竟为我们今后的研究奠定了一个非常好的基础。

目前，这个基础还在被不断地夯实：国家统计部门除了用常规渠道收集、发布相关信息之外，还搭建了中国文化企业直报系统，即70万家中国文化企业当中的4万多家规模以上企业，每年会向国家统计局专门直接申报其财务数据；另外，文化体制改革使得一大批国有文化企业转企改制，而出资人制度的建立，也使这些企业开始每年向有关部门申报其详细财务数据。某种意义上讲，有了这些数据之后，我国文化产业战略研究及与之密切相关的有关部门的决策，会跟以前相比出现质的差异——拥有了一个更加完整的数据基础。

由对统计报表数据、企业直报数据甚至抽样数据的研究得出结论，此虽属于从小数据研究得到宏观结论的发展阶段，但对我国文化产业发展战略研究及决策来说，已构成了历史性进步！

### （二）研究方法专业化

数据基础之所以重要，很大程度上是因为具备了这个基础，然后文化产业发展战略研究的方法才可能实现专业化。我在2002年的时候，曾专门和中国社科院金融所所长交谈，希望能够跟他们经济口的专家合作，共同来做文化产业蓝皮书，或者至少希望他能够参加课题组。他说的第一句话就是：没有数据我们什么也做不成。可见，数据化是研究方法专业化的一个最基本条件，有了数据，经济学家、社会学家等社会科学家，甚至理工科的专家都将能够进入到文化产业发展战略研究领域里来。这也将促成学科发展质的飞跃。

### （三）学术语言通用化

继文化产业发展战略研究的方法专业化之后，相关研究使用的学术语言必然会越来越通用化、越来越国际化。文化产业发展战略研究在我国作为一门交叉学科，其学术语言目前还是很不确定的，有很多特定的说法、提法都是我国特定体制环境的产物，在国内都很难为一些经济学、社会学的同行所理解，更不要说做国际交流了——人家基本上听不懂你在说什么，也就是说学术语言的通用化程度非常低。例如，多年来中国社科院一直想把文化研究中心做的文化产业蓝皮书作为重点书，翻译后拿到国外去出版和推广，以介绍中国的文化产业发展情况。相关经费都有了，但是此事一直没有做成，原因就是外国出版机构看了之后，感觉此书原样翻译出版后外国人是理解不了的，其学术语言的通用性太低。有了数据化研究基础、专业化研究方法之后，这种学术语言通用化程度低的现状，应该能实现转变。

## 二、从小数据到大数据：战略资源类型、配置、管制等方面的变迁

要想领会大数据的潜在影响，我们可以想想显微镜。发明于 4 个世纪之前的显微镜，使得人们观看、测量事物的水平拓展深入到了前所未有的细胞层次。而大数据的测量和应用正是显微镜的现代等价物（前述埃里克·布伦乔尔森教授语）。2012 年 3 月，美国总统奥巴马宣布启动“大数据研究与开发计划”（Big Data Research and Development Initiative），旨在增强国家安全，实现教育与学习的转变。该项计划的提出将“大数据”研究提升到了美国国家战略层面。我国的文化产业发展战略，在党的十七届六中全会、十八届三中全会的相关决定中，不断地被提及和重视，现在，这一战略又与大数据相遇，其变迁应引起我们的高度重视。

### （一）大数据提供了文化产业发展新型战略资源

我们一直比较关注文化数字化、文化素材化以及文化数字资源的产业化，相关领域为我国文化产业发展提供了一个巨大的新空间。我国的文化资源在全球范围内恐怕没有别的国家能够比肩——我们有几千年的历史，从现在的统计数字看，光在国家名录上登记的文化遗产就有上百亿；我们有多达 10 万家的公共文化机构，还有多达 70 万家的文化企业，庞大的文化生产活动也会形成全球独一无二的大数据

资源；最近我们还常讲，中国可能是世界上唯一能够在文化产业全领域同时发展的国家，国际上没有另一个国家是这样的，比如美国是在影视方面做得比较厉害，日本做动漫，韩国做游戏，这些国家都是在文化产业某一领域超强，但是很多其他方面发展不起来。而中国是完全不同的，中国可以集国家之力在文化产业全领域同时发展，再加上庞大的人口基数，相关的大数据资源的开发潜力几乎是无穷的！悠久的历史、庞大的规模、全领域发展的态势，所有这一切形成的全世界独有的大数据资源，构成了我国文化产业发展的新型战略资源。

### （二）大数据扩大了文化市场的资源配置空间

我们常说市场是资源配置的基础性机制，十八届三中全会的决定又说是决定性机制。让文化市场在文化领域用市场机制配置文化资源，这是改革开放以来一直在推动的事情。而大数据进一步开拓了市场配置文化资源的空间，更加凸显了市场在配置文化资源方面起到的基础性、决定性作用。

市场经济发展可归纳为三个阶段：第一阶段是原始积累阶段，此阶段主要满足的是所有人的基本需求，所以发展目标比较单纯，对管制能力、决策能力的要求相对简单，一般是管制型经济——在我国被称为“计划经济”。到了第二阶段，即市场经济初步发展阶段，包括文化需求在内的所有人的多样化需求开始发展，社会处理多样化信息、多样化需求的管制能力也有所提升，但是，需求的多样性和管制能力之间存在着不平衡，所以市场经济作为分散化决策的机制，通过“看不见的手”形成一个比较合理的平衡。这就是市场的基本原理——它归根到底是一个信息处理机制。到了高级市场经济阶段，所有人的多样性需求逐渐走向每个人的多样性需求，每个人的多样性需求会使信息向高度复杂化发展，于是对处理高度复杂信息能力的要求出现，市场机制发挥作用的空间进一步拓展了。

大数据最厉害之处，在于“得知当下状况”，也就是对即时数据的掌握，使得细节化、即时化地测量每个人的行为和情绪变成了可能。亚马逊公司通过分析消费者的“电子痕迹”，现在已可以在个体消费者的水平上调整其资源配置，可见文化市场的资源配置空间通过大数据确实已抵达了前所未有的个体——社会分子水平。市场（或者叫分散化的）决策机制，已经渗透到了文化发展的更深层肌理中。

### （三）大数据提高了政府管理文化生产的能力

市场经济条件下，政府管理文化市场有两手：一是管理市场规则，即为自主决策生产和贸易交换建立规则；二是在市场失灵的地方，直接介入文化产品生产，然后用公共手段和机制进行分配。这两手都涉及信息问题。公共文化机构是多链条的委托代理机制，从现代企业管理理论来看，委托代理中间就包含着信息不对称问题，便会出现“如何避免代理人欺骗委托人”之类的问题。这样的问题在传统机制下，由于信息搜集、处理能力有限，往往通过行政管理体制解决。而进入了大数据时代后，上述信息不对称、代理人和委托人博弈等问题，都已经可以通过技术手段得到缓解，这样公共文化服务效率将有望大幅提升。

文化市场管理的另一个问题，是自主的文化企业生产出的产品，是否符合管理文化市场的政府设置的公共目标的问题。政府总是说既要有经济效益又要有社会效益，但什么是经济效益，什么是社会效益？如果能真正变成一系列量化的指标，那么政府行为将会变得非常实事求是。例如，我国这一轮动漫产业的过度发展，其实起源于2004年蓝极速网吧的火灾事故。那次事故之后，网络对青少年如何不好的舆论大兴，在相关舆论环境下，政府出台了一系列措施，推动了动漫产业的发展。现在看来，这个决策有积极效应，但是负面效应也很多，因为实际市场需求在很大程度上被忽略了，几百亿国家财政资金的支付，也缺乏量化指标体系的约束。现在，如果在大数据理念的推动下，经济效益、社会效益等都能有量化的指标体系，那么政府的类似应激性焦虑也就不会那么强烈了，相关决策也应该会更加理性。

政府管理文化市场的能力，还体现在对消费市场的预测上。其实文化市场和传统市场最大的区别，就是它指向了个人的一些最难以预料的需求——人吃多少东西就饱了，穿多少衣服就暖和了，都是有“度”的。但是，人的心理需求、精神需求（文化就属于相关需求）弹性很大。好莱坞就流传着一句话，文化生产是不可预测的。因为谁都不知道下一部火起来的电影是什么。西方在文化市场的发展过程中，动用了大量的社会学、心理学手段做消费预测，我国在这方面应该是刚刚开始起步。全球大数据研究权威艾伯特·拉斯洛·巴拉巴西认为：“93%的人类行为是可以预测的，当我们将生活数字化、公式化以及模型化的时候，会发现其实大家都非常相似。生活如此抵触随机运动，渴望朝更安全、更规则的方向发展，人类行为看上去很随意、很偶然，却极其容易被预测。”时下，美国麻省理工学院师生发明的新算法，已在预测推特（Twitter）热门话题方面达到了95%以上的准确率，且平均比推特（Twitter）官方热门话题出来的时间早90分钟，甚至有些热门话题能够提前5小时被预测出来。我国在相关方面的能力，也有必要紧紧跟上。

### （四）大数据改变文化产业发展战略研究标准

比如，有了大数据，文化产业发展战略研究可能会被要求更多地介入现实中，而非事后诸葛亮式地专注于总结，因为大数据研究的特点是分析相互作用而非因果关系，而相互作用必须是在一定的场域环境中，是一个即时映射的过程。

再如，大数据可能会让文化产业发展战略研究进入后意识形态时代。这方面有个典型的事例。2012 年，有关部门到云南调研少数民族安全问题，一个机构到云南调研后，写了个报告，声称云南边境少数民族地区文化安全形势严峻，境外敌对势力渗透严重。此后，我们的团队又去了一趟，发现这个报告基本属于“谎报军情”。如果说边境少数民族地区有意识形态安全问题，那相关问题也不在云南，云南应该说是少数民族安全状况最好的地方。简单地看，在与越南接壤地区，是我方边民收听越南广播的人数多，还是越南那边收听我方广播的人数多？很简单，人家爱听我们的广播，而我们谁去听越南广播？在与缅甸接壤地区，是我们这边的和尚到那边念经，还是人家的和尚到我们这里来念经？事实是人家的和尚到我们这里念经，因为这里给的钱多。如果相关研究能有大数据介入的话，那些基于意识形态的搬弄小数据的错误判断，就将会无所遁形。

## 三、迎接大数据时代：战略走向应着眼于信息开放、观念解放、制度建设

麦肯锡 2011 年的研究报告表明，大数据将在医疗保健、公共部门管理、零售业、制造业、个人定位数据等 5 个领域产生变革潜力。我国的文化产业发展战略，涉及除医疗保健外的其他 4 个领域，所以我们应积极地迎接大数据时代的到来。这里有几点涉及战略走向，是应该马上做的。

### （一）信息开放是前提条件

20 年前，沃尔玛公司的一个员工通过对原始交易数据的分析发现，啤酒和尿布的销量具有一定的正相关。原来，美国的妈妈们经常嘱咐其丈夫下班以后为孩子买尿布，而丈夫们在买完尿布之后，顺手买回了自己爱喝的啤酒。于是，那家沃尔玛商店及时调整了商店里的货品摆放位置，把啤酒搭着尿布卖，结果销售业绩增长了十几倍。许多出版物中常把这个事例，作为大数据挖掘的序幕。试想，如果沃尔玛公司不对其员工开放原始交易数据，那么这个经典的大数据时代序幕，也就不会这样拉开了。

我国目前的大部分相关统计数据，还在政府机构内部而不在社会上，而且在社会上公布的数据，也少有人进行研究。这可能是制约我国文化产业发展战略走向大数据时代的一个最重要的因素。我们在2004年的时候参与过国信办的一个课题，叫“信息资源的开发和利用”。当时一批信息领域的专家、院士在那里做了很多具体计算，发现在我国以数据形式存在的信息资源中，有70%是文化信息。结果那些搞信息技术、信息工程的专家，提出我国要发展信息内容产业——这太让我惊讶了！可见，信息的开放，是推动中国文化产业发展战略走向大数据时代的一个关键因素。

### （二）观念解放是总开关

大数据具有催生社会创新、变革的力量，但释放这种力量需要观念解放的激发。在国家级组织对待大数据的观念方面，欧盟的思路值得我们借鉴。

欧盟推出了4项举措，以应对大数据时代：第一，构建开放透明政府，确保社会公众获取及再利用大数据的权利。第二，开放数据，以提供创新资本。即通过数据扩散，为创新与数据再利用提供资本。第三，政策支撑，以提供创新环境，促进大数据及相关技术在经济中的应用。第四，协调合作，提供开放数据的整合框架。欧盟的开放数据战略，同时也形成了其成员国的治理框架——可对相关政策的制定、交流、创新形成良性支持。可见，在其国家层面，开放数据的观念，已成为激发创新的总开关。

### （三）制度建设是基础

大数据时代实际上是对个人行为做预测和监控的时代，个人隐私怎么办？在大数据时代，人群间的数字鸿沟、数字分层肯定会很厉害，怎样能够在制度层面解决权利不平等造成的社会新分化？这是社会层面对制度建设的呼唤。

另外，在技术层面，我国在大数据方面还存在着不少问题，例如，数据来源的真实性、有效性问题，数据积累量不足的问题，数据分布零散、平台间无法整合的问题，后台技术能力偏弱的问题等，都困扰着包括我国文化产业发展战略研究、制定在内的各项大数据应用，也都呼唤着制度建设予以兴利除弊，予以综合解决。

# ZHAO HONG CHUAN

## 赵红川

中央国有文化企业资产监督管理领导小组办公室专家咨询委员会委员、文化部国家公共文化服务体系制度设计专家委员会委员，文化部国家文化产业“十二五”规划专家组成员，四川省人民政府研究室特约研究员，四川省文化厅宣传信息中心主任、研究员。

主要从事社会发展与文化建设、公共文化服务与文化信息化、文化产业与服务业发展，新兴文化业态与文化资源整合等方面的研究。近年来，先后承担多个国家社科基金项目、文化部文化产业课题研究项目、四川省人民政府研究课题等。在《公共文化蓝皮书》《文化产业蓝皮书》《中国文化报》等国家级报刊发表学术文章20余篇，出版和主编图书6部。

# 大数据与政府文化职能转变

赵红川

摘要：大数据的出现重新定义了文化创造的方式，扩展了文化资源的内容，丰富了创意生成的手段，创造出新的文化生态，改变了文明传承的方式。政府职能既面临数据管理终端数量增长、政府数据空间的变化和政务服务与管理模式创新的三重挑战，同时，也蕴藏着政府管理占领创新制高点的战略机遇。大数据作为一种重要的文化资源和生产要素，渗透至文化的各个领域，将会给文化发展带来层出不穷的创新、创意和创造，这将必然加快文化发展方式的变革。应该建立大数据文化战略，加强大数据文化顶层设计，实施大数据文化管理再造工程，实现政府管理向社会治理转变。

**关键词：** 大数据　政府职能　文化管理　管理再造

## 一、大数据的文化意义

大数据是网络环境中人类共同创造的物质财富，是信息条件下生产力发展的重要标志。它的大量、速度、多样、真实（简称为4V：Volume、Velocity、Variety、Veracity）的特点，是人类有文明以来最重要的创造成果之一。其不但改变了几千年来物质资产的表现方式，使“信息资产”成为新兴的财富类型，也正在成为一种新的文明形态，它对人类社会发展进程的影响是划时代的。因此，大数据的多重文化意义，将随着它本身的发展变得越来越丰富，越来越被人们所认识。

### （一）大数据重新定义了文化创造方式

大数据的产生改变了生产与消费分离的传统方式，第一次使生产与消费在时间与空间上同时发生、并行发展、无缝对接。由无数小数据、数字化的文化信息、文化资源的累积，共同创造了新的文化成果，同时，在阅读、浏览和文化消费的过程中，也不断产生新的数据资源。在虚拟的网络空间里，人人既是数据的生产者，也是数据的消费者，无数人跨区域的生产和无数次共时性的消费累计，构成了海量的、高增长和多样性的数据资源集群，也产生了新的文化创造成果和新的文化创造方式。

### （二）大数据扩展了文化资源的内容

大数据拓展了文化资源的形式，丰富了基于物质材料基础上的文化资源，使文化资源具有了虚拟性、数字化的存在方式，并将文化资源重新划分为实体与虚拟两类。同时，大数据蕴藏了丰富的文化资源数字化内容，在互动、在线、虚拟的数据环境中，无数的文化社区、文化聚落，数字博物馆、数字图书馆、数字艺术馆，网络音乐、网络文学、网络影视，微博微信、文化空间等，不断成为新的文化内容和文化形态，丰富着文化资源的内容。

### （三）大数据丰富了创意生成手段

一方面，大数据作为客观存在，要求人们作为认识主体，必须建立新的认识大数据的意识（所谓的建立数据意识），这将直接影响人的意识，而创意来源于人的独立意识，大数据的无处不在、无时不有，以及高度的数据关联性，能够引发潜意识的不断涌出，于是大量不稳定的、漂浮的潜意识，能够累积成为可控制的显意识，从而上升为创意。另一方面，大数据能够提高辩证思维能力，大数据内容的丰富性和离散性，既能够为一切创意提供基本材料、基础内容和知识，同时也能够成为点燃灵感的源泉，激发新的点子、新的立意、新的想象等思维成果，丰富了传统的形象思维的方式，产生出新的数据思维模式，增加了创意生成的路径，使文化创造手段更加具有自觉性和自发性。

### （四）大数据创造出新的文化生态

大数据已经并将继续作为客观存在，建立了在数字化条件下的政治、经济、社会、文化发展的虚拟环境，与现实的实体空间一样并行存在，构成了实体与虚拟共生的文化生态，并且全面嵌入到现实文化生态的方方面面。人类由此具有了双重的文化条件，既生活在物质实体文化环境里，又同时生活在虚拟文化空间中，丰富、发展和重塑了人类的文化交流方式，使人类的文化生活空间大大拓展，必将发展出新的基于大数据的政治、经济、社会、文化和伦理秩序，形成新型的物质实体与虚拟数据共存的文化形态，人类的文明成果也会在这样的文化生态中得到创造发展。

### （五）大数据改变了文化传承方式

大数据跨越了人类语言、民族和空间地域的限制，传统实体条件下的文化表达方式、文化传播形式被打破，任何文化内容都可以不受时空限制和人为干扰地进行了解、学习、复制和传播。同时，在大数据互动性、启发式、双向性的建构过程中，文化内容、专业知识等显性知识被组织成为知识库，而且文化技能、风俗习惯等隐性知识也能够得到传播，成为大数据的重要内容，使独立自主的学习变得更加方便而且没有障碍。文化学习环境、文化表达方式、文化传承手段等，都将产生重大变革，一对一、面对面、手把手的直接学习交流，将与一对多、虚拟化、不同步的间接数字化学习交流并行，文化传承将出现新的形式。

### （六）大数据丰富了人类的文化哲学

大数据的出现使长期以来人类客观世界的内容发生变化，虚拟的、不可见的大数据也是客观存在的物质对象，建立在大数据环境中的文化成果，也是人类重要的文化创造，人类的文化认知由“眼见为实”向“不见也实”的文明领域拓展，因果关系的实体逻辑与关联关系的数据逻辑并行，成为文化认知的两大逻辑体系，极大地发展了人类的认知领域。同时，大数据的“自组织”特征，使它能够呈现出自我管理、自我运行的职能化特点，有效地补充了人类智能在运算上的不足，对于提升人类整体认知智能具有不可替代的作用。大数据运行必然产生的数据伦理，将引发人类新一轮的价值观、伦理观思考，建立与实体世界、虚拟世界相兼容的新的伦理道德观念，丰富人类的哲学观、价值观体系，并通过法律制度等手段进行调整和控制，这必将对人类文明产生重大而深刻的影响。

## 二、大数据与政府职能

大数据是世界下一个创新、竞争和生产力提高的前沿。云计算、物联网、社交网络等新兴服务，促使人类社会的数据种类和规模正以前所未有的速度增长，数据管理方式上的变革正在酝酿和发生。[①] 政府职能既面临数据管理终端数量增长、政府数据空间的变化和政务服务与管理模式创新的三重挑战，同时，也蕴藏着政府管

---

① 孟小峰、慈祥：《大数据管理：概念、技术与挑战》，载《计算机研究与发展》2013年第1期，第146～170页。

理占领创新制高点的战略机遇。在大数据时代，创新政务职能的是一个持续不断的变革过程，其动态特征是：从“政府信息化”向“信息化政府”转变，从浅层次的信息化手段提高效率，到深层次的建立大数据服务职能提升，是一个从平面实体世界管理，向立体虚拟世界、“数据宇宙”拓展的过程。

### （一）大数据的管理挑战

一是思维方式的挑战。信息管理战略将面临持续处理大数据爆发的考验，政府部门需要从传感器、卫星、社交媒体、移动通信、电子邮件、无线射频识别设备和企业应用程序持续不断地接收数据，面临这些问题，必须创新信息和数据处理方式，建立大数据战略思维。二是数据资源共享的挑战。政府部门既要面对分散的海量数据，进行捕集、摄取、分析、存储和分配数据，同时，还要面对部门分割、条块分隔、上下断裂造成的信息不对称、重复浪费等问题，必须创新整合数据再实现数据资源的有效共享。三是数据资源的安全可靠的挑战。这既是政府公信力的要求，也是数据安全保障的必然，如何提高政府数据在管理服务使用上的可信性，如何增强安全性将成为长期持续的重大挑战。四是信息获取知情权和隐私权的挑战。一方面大数据增强了公众对政府工作的知情、参与和监督权的意识，同时，也使得政府通过大数据，以提高政府公信力，稳定市场预期，保障公众知情权、参与权、监督权带来严峻挑战；另一方面，全社会个人和集体的隐私权，也会使信息更容易获取，以及在共享条件下易受到侵害，这必然给大数据的管理者、使用者和消费者带来严重的法律和道德挑战。

### （二）大数据的政府机遇

一是提高政府效率。大数据能够通过改进政府机构和整个政府的决策，使政府机构更加有效地提高政府效率，并在战略规划、服务架构和人力资本等方面更加有效。同时，通过大数据的有效利用，能够使政府经济社会政策透明、权力运行透明，从而增强提升政府公信力、社会凝聚力的“软实力”。二是加快电子政务。推进政府向公开透明、互动沟通、开放创新、平台服务的方向发展。大数据是作为信息革命的又一里程碑，它将推动信息网络服务更加深入到政府内部的服务流程中去，推动把分散的小数据梳理，整合成数字化的文字、图表、音频、视频等方式。同时，加强政府网站数据库建设，逐步整合交通、社保、医疗、教育等公共信息资

源，以及投资、生产、消费等经济领域数据等举措，[①] 也将为政府管理变革提供新的信息手段，促进电子政府迈上新的台阶。三是促进完善治理结构。建立在大数据背景上的政府能够有效减少审批，理顺事权，提高透明度，促进管理体制的重要转型，使政府能够更好地提供公共产品。更重要的是，大数据的共建共享，能够促进政府、社会组织、企业和个人之间，建立新型治理结构，推动传统管理方式向现代公共治理转变，维护社会公平正义。

## 三、大数据与文化发展

大数据作为一种重要的文化资源和生产要素，渗透在文化的各个领域，将会给文化发展带来层出不穷的创新、创意和创造，必然加快文化发展方式变革。所以，必须更多地关注网络创造、网络生产、网络消费，用适应大数据发展方式的创新思维，制定文化发展的战略政策和目标任务。

### （一）产生新的文化生产方式

大数据将加快文化与科技的全方位融合，将会产生新的生产模式、商业模式、管理模式，这些新模式对政治经济、社会发展、人们生活的方方面面将带来深刻影响。既促使了行业的加快融合，也进一步促进政府之间、政府与企业之间、政府与民众之间、企业与企业之间、民众与民众之间的边界更加模糊。这将促使文化生产方式变更，实现基于信息条件下的系统化文化生产方式，由孤立的生产向联合生产转化，由线下的生产向线上的生产方式变革，将促进文化大发展、大繁荣的步伐。

### （二）搭建新的文化共建平台

大数据真正实现了文化在一个平台上进行建设与消费，推动文化实现互动生产、互动管理，扩大了文化产品生产和服务的方式和途径。从政府的角度看，大数据推进政府信息资源进一步开放，政府信息开发利用效率倍增，促进经济社会快速发展；从社会角度看，大数据将使被割裂存储于不同领域的文化数据资源集中在统一平台上开放，文化创新应用将会不断涌现，文化信息资源的附加经济价值将被充分发掘。

---

① 《国务院办公厅关于进一步加强政府信息公开回应社会关切提升政府公信力的意见》（国办发〔2013〕100 号），http：//www. gov. cn/zwgk/2013 －10/15/content_ 2506664. htm。

### （三）促进文化管理手段升级

大数据将实现跨越政府内部信息协同，跨越系统、跨越平台、跨越数据结构，将在技术上使政府内部纵向、横向部门得以流畅协同，提高政府在文化决策、文化服务和市场监管的科学性和精准性，提高政府预测、预警能力以及应急响应能力。同时，大数据也为政府文化管理整合吸收更多的社会管理资源，将在大数据中以及存在的管理手段中，将其纳入政府管理框架内进行有效使用，变单向的“政府—社会管理”向“政府—社会—政府”的双向循环的互动式管理升级，极大地丰富了管理手段。

### （四）推动文化治理方式转变

随着大数据在公共数字文化建设领域的广泛和普及，政府公共文化的服务模式变迁，将推动政府对公共文化服务体系的建设和管理产生变革，由单向度的服务供给，向多方式供给和互动供给变化；随着大数据成为文化产品的重要内容，将推动文化产品生产和服务方式的变迁，促使政府对文化产业的管理方式产生变革，由直接管理向管理与生产交互的参与式管理转变；随着文化消费方式和文化市场模式变化，政府对市场的规制，将由实体市场管理向实体与虚拟市场结合的方式转变，产生新的文化治理模式。

## 四、大数据与文化管理再造

我国文化事业已经迈过了历史的拐点，一个覆盖城乡的公共文化服务体系和全民参与的文化生产服务市场体系日益形成，在这样的文化基础上加快建设文化强国，把握信息技术发展趋势，加强顶层制度设计，推动文化管理体系的“大数据”再造，真正实现由政府管理向社会治理的根本性转变。

### （一）建立大数据文化战略

大数据的文化战略的核心是战略思维，就是用全局、前瞻、系统和发展的眼光，看待大数据条件下的文化发展方向，深入研究大数据条件下的文化发展机遇及其面临的挑战，提出具有中国文化特点的大数据建设与发展战略，理清思路，明确任务，统一标准，实现文化大数据的可控、可用、可发展、可共享，增加中华文化资源在大数据中的比重，占领大数据的文化制高点，为人类新型文明贡献力量。

## （二）加强大数据文化顶层设计

把握大数据发展趋势，推动文化管理顶层设计，建设大数据条件下文化管理的决策机构、协调机构、管理机构和执行机构，以及审计监察机构和由外部专家组成的咨询机构，形成“四层两翼”的结构和功能。（见图1）

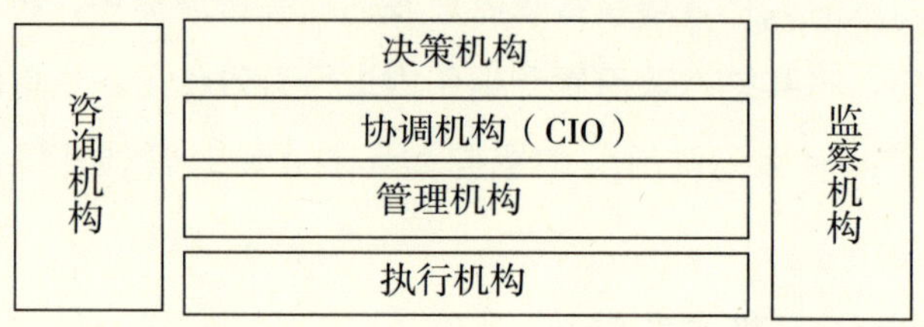


**图1 大数据文化顶层设计“四层两翼”示意图**

决策机构负责确定国家文化管理信息化发展总体思路、制定大数据发展战略规划以及相关政策。协调机构负责协调政府各部门实施国家文化信息化发展战略和相关政策，设立文化信息化首席信息官（CIO）办公室，并承担相关职责。管理机构行使大数据文化管理职能，制定实施大数据战略的相关政策。执行机构负责相关大数据项目的推进实施。审计机构负责对大数据决策、管理、绩效和技术等方面的审计。咨询机构由来自技术领域和文化领域的专家组成，就大数据发展战略、规划和实施进行相关问题的研究和咨询。①

## （三）实施大数据文化管理再造工程

第一，促进文化内容与信息技术建设的融合。加快文化信息化基础设施建设，采用云计算技术，构建云存储的文化信息技术体系，促进文化生产和服务尽快融入信息化建设的领域。加强文化数字化建设步伐，加大收集和存储大文化的数据信息，积累和发展文化数据内容，促进文化内容融入信息内容范围。提高文化队伍的信息化素质，培养文化行业的大数据分析人才，加强与信息产业和数据厂商的合作。加强政府文化部门的信息技术应用推广，促进政府文化部门率先应用大数据，形成示范带动效应。

第二，加强文化生产与大数据技术开发的综合。加快海量数据分析、大数据处

---

① 赵红川：《信息化发展与公共文化服务变革》，载李国新等编《中国公共文化服务发展报告2012》，社会科学文献出版社2012年版，第56～70页。

理、分布式计算、数据可视化等大数据关键技术在文化领域的应用，满足文化建设、管理和服务中的搜集、存储、管理、分析和共享等海量数据的需求，牢牢掌握文化大数据的主动权，为实现文化强国目标提供坚强的技术支持和安全保障。

第三，加快文化领域数据资源的整合。通过信息化手段整合外部资源，把全社会参与文化建设的数据资源成果进行整合，促进文化服务与管理范围向社会各领域扩展，大幅度提升政府文化管理服务水平和创新能力。整合文化行业的内部资源，将文化文物、新闻出版、广播电视等行业的数据资源，整合成为一个体系，使文化资源的共建共享在大数据的条件下得到实现。

第四，推动文化生产链与大数据链的混合。一方面推动文化生产链条广泛采用混合云技术架构，促进共有云、私有云和公众云的混合，形成完整的大数据与大文化服务的混合链条。一方面推动文化生产，加快建设大数据内容与大数据生产方式的混合，既采用合作协议、外包、联盟、特许经营或许可等方式，建设大数据内容，构建以服务为目的，动态的、网络型的文化服务模式，又创新打破政府管理、企业经营与个人创造之间的界限，构建多种所有制、多种管理方式、多种生产服务方式混合一体的完整的大数据文化生产链。

**参考文献**

[1]［英］维克托·迈尔－舍恩伯格：《大数据时代》，周涛译，浙江人民出版社2012年版。

[2] 孟小峰、慈祥：《大数据管理：概念、技术与挑战》，载李国新等编《计算机研究与发展》2013年第1期，第146～170页。

[3] 赵红川：《信息化发展与公共文化服务变革》，载李国校报等编《中国公共文化服务发展报告2012》，社会科学文献出版社2012年版，第56～70页。

# LI XIANG MIN

## 李向民

南京艺术学院文化产业学院院长，教授，博士生导师，江苏省文化产业集团董事长、党委书记，中国电视剧编剧工作委员会常务理事、江苏省广播电影电视协会副会长、江苏省文化艺术促进会会长。

# 相信大数据，但不迷信大数据

李向民

**摘要：**随着信息爆炸和计算技术的发展，数学理性与大数据正在越来越深入地影响我们的生活，影响文化产业。大数据对文化产业的影响是一个值得探讨的问题。拿数据指导和影响文艺创作，或者研究文艺作品并不是现在才有的事。只是过去用的是少量的样本或数据，而不是海量的数据，这是一个本质上的不同。大数据在某种意义上只能作为一个工具，不能代替人类自己的分析，如果是把所有的事情都交给大数据来处理很可能就会陷入一个非常大的困境。

大数据对文艺作品的生产或生产的影响体现在什么地方，我认为其更多是在营销领域。通过一部电影分析观众群体的主要需求，然后根据需求选择相应的影片在院线发行。同时，也可以根据观众的需求对作品进行修改完善。所以从这个意义上讲，大数据对文化领域的影响肯定是巨大的，如果能够很好地运用，对于文化企业的发展将有非常大的作用，但是过于迷信大数据也可能会变成谬误。

**关键词：**数据分析　文化产品　文化服务业　文化产业特殊性

英国数学家怀特海说过："数学是理解模式与分析模式关系的最有威力的工具……只要在今后的两千年里，文明继续进步，人类思想中压倒一切的新事物，将是数学理智的统治。"

随着信息爆炸和计算技术的发展，数学理性与大数据正在越来越深入地影响我们的生活，影响文化产业。

最近有两件事情值得关注。一是9月底，Facebook 正式宣布，与美国四大电视网合作，并向其提供数据报告。随后十月初的《华尔街日报》报道，在 Twitter 的招股书里有一笔来自授权给第三方使用数据的收入，共计 4750 万美元，约占 Twitter 全年营收的 15%。这说明两大社交网络正在发挥其占有大数据的优势，将大数据作为生意来获取利润。

在美国电视网络与社交媒体的互动中，Twitter 长期以来都扮演着重要角色：

Twitter 曾和尼尔森咨询机构合作研究 Twitter 内容与电视收视率的关系；Twitter 已收购两家社交电视分析机构 Bluefin Labs① 和 Trendrr②；2013 年 3 月，Twitter 与全美职业橄榄球联盟 NFL 合作，为用户提供比赛集锦、回放等定制类节目。因此，Facebook 的举动被认为是在电视领域挑战 Twitter 的开始。

从大数据公司与传统媒体的合作中看，传统平台似乎并不占据优势，建立在数据分析基础上的专业订制，或许更能击中观众和广告商。我们已然看到《纸牌屋》的成功，但 Netflix 的用户量远远少于 Twitter 和 Facebook，相应的，其数据量也无法与两大社交巨头相比。

按照这样的逻辑，像 Twitter 或 Facebook 这样的大数据平台，完全可以定制或自拍影视剧，成为影视娱乐行业的王者。

果真如此吗?

## 一、数据分析在文艺作品研究中的早期尝试

将大数据应用于文艺作品的分析，由来已久。1847 年，俄国数学家 B. Я. 布利亚科夫斯基认为可以用概率论来进行语法、词源及语言历史比较的研究。1894 年，瑞士语言学家索绪尔认为，可以用数学公式有规律地表达语言中的量和量之间的关系。以这样的思想为指导，国际上形成了数理语言学等学科，其中最有意思的是计算风格学。所谓计算风格学，就是用统计分析的方法研究文学作品的风格，比如利用计算机计算一部作品或作者写作的平均词长和平均句长，对作品或作者使用的字、词、句的频率进行统计研究，从而了解作者的风格。最典型案例是捷泽等学者对《静静的顿河》的作者的考证。《静静的顿河》是苏联著名作家米哈依尔·肖洛霍夫（M. A. Sholokhov 1905—1984）的一部力作。此书共分为 4 部，从 1926 年开始直至 1940 年，共用了 14 年的时间才创作完成。一经问世，立刻受到国内外的瞩目，被人称作“令人惊奇的佳作”“苏联文学还没有遇到同它相比的小说”。但到了 1974 年，法国有人质疑这本书抄袭了一个名不见经传的哥萨克作家克留柯夫的

① Bluefin Labs 是美国一家社交电视分析公司，主要提供的分析工具可分析并整理社交媒体上对美国电视节目的谈论内容。其旗下客户包括 CBS、Fox、Discovery Communications 以及 MTV。

② 社交电视追踪服务商。

作品。在这种情况下，捷泽等人从《静静的顿河》四卷本中随机地挑选了2000个句子，再从没有疑问的肖洛霍夫的其他小说和克留柯夫的小说中各取一篇，从中随机地分别选出500个句子，一共是三组样本共3000个句子，输入计算机进行处理。根据两人的句子结构分析，最后捷泽等人用充分的事实证明了《静静的顿河》确实是肖洛霍夫的作品。后来苏联文学研究者使用其他手段也印证了《静静的顿河》的作者是肖洛霍夫。

中外多位学者，也尝试根据数理语言学的原理，运用语言统计法研究《红楼梦》的作者。饶有趣味的是，同样运用数据分析方法，学者们得出的结论却截然相反。早在1954年，瑞典汉学家高本汉通过考察38个字在《红楼梦》前八十回和后四十回出现的情况，认为前后作者为同一人。而中国学者赵冈、陈钟毅夫妇用“了”“的”“若”“在”“儿”5个字出现的频率分别做均值的$t$检验[①]，认为前八十回和后四十回的作者明显不是同一人。

1981年，首届国际《红楼梦》研讨会在美国召开，美国威斯康星大学讲师陈炳藻独树一帜，宣读了《从词汇上的统计论〈红楼梦〉作者的问题》一文，首次借助计算机研究《红楼梦》，引起轰动。陈炳藻从字、词出现频率入手，通过计算机进行统计、处理、分析，对《红楼梦》后四十回系高鹗所作这一流行看法提出异议，认为一百二十回均系曹雪芹所作。

在陈炳藻的启发下，1983年，刚从复旦大学数学系毕业的陈大康开始对《红楼梦》全书的字、词、句作全面的统计分析，依据统计出的140多项指标，发现后四十回的风格与前八十回明显不一样。其中，从第八十一到一百回还有向前八十回靠拢的趋势，在某些方面存在相似；但从第一百零一至一百二十回则与前八十回的风格完全不同。譬如说前八十回作者偏重用“越性”，但后四十回则是“索性”，我们说形式可以模仿，但一个人的语言习惯却很难在大规模的写作中更改。比如说在英文中，介词“to”和“by”，“when”与“while”在很多情况下都可以混用，只是作者由于习惯的不同而有所选择而已。而且整个《红楼梦》考察的指标量有100多项，这个抽查样本符合统计原理，所以得出的结论也是可靠的。据此，陈大康相信，前八十回为曹雪芹一人所写，后四十回为另一人所写，但后四十回的前半部分含曹雪芹的残稿。

---

① $t$检验是用$t$分布理论来推论差异发生的概率，从而比较两个平均数的差异是否显著。

而后，1987 年复旦大学数学系李贤平运用陈大康对每个回目所用的 47 个虚字（之，其，或，亦，……呀，吗，咧，罢，……的，着，是，在，……可，便，就，但……，儿等）出现的次数（频率），作为《红楼梦》各个回目的数字标志，输入计算机，然后将其使用频率绘成图形，运用计算机技术中的模式识别法和统计学家使用的探索性数据分析法，发现不同作者的创作风格。据此，他提出了《红楼梦》成书新说：是轶名作者作《石头记》，曹雪芹"批阅十载，增删五次"，将自己早年作品《风月宝鉴》插入《石头记》，定名为《红楼梦》，成为前八十回书。后四十回是曹雪芹的亲友将他的草稿整理而成，其中宝黛故事为一人所写。

在运用数理语言学研究《红楼梦》作者时，之所以会得出完全不同的结论，原因之一就在于采用的样本是否足够，或者说在于数据是否足够"大"。同时，与选择分析的指标是否科学也有极大的关系。如果我们用几条腿作为标准，无论样本数据多大，也分不出猫和狗。

## 二、大数据对于营销的帮助要远超过对创作的指导

大数据不是万能的，更不是全能的。如果我们不能用对数据，纵有云计算，也全是徒劳。比如说，影视剧演员的选择，如果我们一味地根据微博中所提及的频率，那么我们也会成为击鼓传花游戏中最后一个持花者。因为观众欣赏习惯和口味的变化常常是复杂的、非理性的，有时就是因为脸太熟了，图个新鲜，有时是因为某个角色观众不喜欢，今天还大红大紫的艺人，明天就有可能被市场所抛弃。

同样，对于题材也是一样。民心思变，图新。所有的题材都会有被人追捧到被人抛弃的命运。春秋时，陶朱公就说过"旱则资舟，水则资车"。也就是说，当人们都在追捧某类剧的时候，如果盲目跟风，多半以失败而告终。经济学中有一个"蛛网理论"其实就是反映了信息指导与生产过程的脱节，而引发的无解困境。

蛛网理论是某些商品的价格与产量变动相互影响，引起规律性的循环变动的理论。1930 年由美国的舒尔茨、荷兰的 J. 丁伯根和意大利的里奇各自独立提出。由于价格和产量的连续变动用图形表示犹如蛛网，1934 年英国的卡尔多将这种理论命名为蛛网理论。

古典经济学理论认为，如果供给量和价格的均衡被打破，经过竞争，均衡状态会自动恢复。

蛛网理论却证明，按照古典经济学静态下完全竞争的假设，均衡一旦被打破，

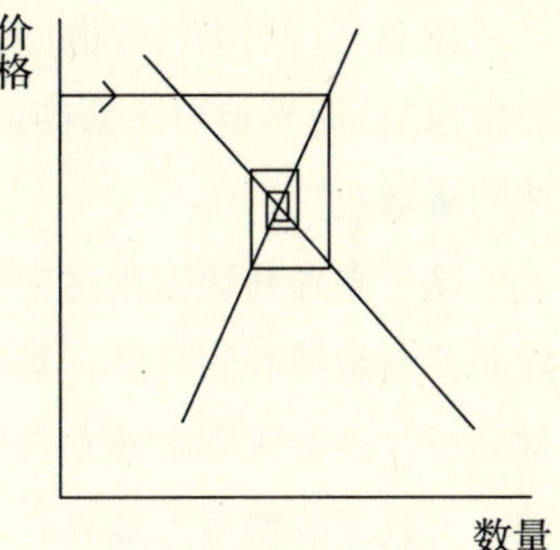


经济系统并不一定自动恢复均衡。这种根据的假设是：

第一，完全竞争，每个生产者都认为当前的市场价格会继续下去，自己改变生产计划不会影响市场；

第二，价格由供给量决定，供给量由上期的市场价格决定；

第三，生产的商品不是耐用商品。

根据这些假设，蛛网理论主要用于分析猪肉、粮食等农产品。同样，由于文化产品，尤其是影视作品也存在一个数据滞后和生产周期问题，其市场与农产品市场十分雷同。纵有大数据指导，其结果仍然难免陷入蛛网理论的困境。对于制作公司而言，如果追不上市场的变化，就意味着项目的失败。

同样，大数据更不能取代对意识形态的洞察。当所有的数据都指向涉案剧高收视率的时候，大数据不可能提示大家，国家有关部门将会对涉案剧的播出进行限制。

文化市场的发展轨迹并不是线性的，所以在进入拐点时，可能是无征兆的。

大数据更多的是一种营销手段，而不是艺术生产的依据。未来电影营销工业化将成为主流，泛营销将逐渐过渡到精准营销。精准营销的前提是大数据的使用，这将会导致营销领域的革命性变化。因为营销过程不同于创作过程，它可以实现即时反应。将作品作为前提，通过精准营销，将特定作品更加准确地送达目标客户，诱导或者引导需求，从而创造或者扩大市场。

所以说，从事文化产业，在关注云计算的同时，更要有行业敏感性。

### 三、大数据对文化产品的精准分析将有利于作品的修改

Netflix 每天会对全美和世界的 2700 万和 3600 万注册用户的 3000 万次“动作”(包括播放、暂停、倒退和快进等动作)、400 万次评级、300 万次搜索，以及一天中用户观看视频的时间和所用设备进行观测。在制作过程中，Netflix 同样借助了数据的力量，当你打开《纸牌屋》第一集看了几分钟后按下“暂停”键，这个动作就迅速被 Netflix 记录、锁定并分析——如果或许你只是去了趟卫生间，但如果被 Netflix 发现，它每天数以百万计的用户中，不少人都在此处“暂停”过，也就显示

了“尿点”；当用户扎堆选择“快进”时，那就表明“此处会闷死人，以后类似情节少用”；而当用户来来回回观看某个片段时，Netflix 就知道“此处很动人，以后将酌量增戏”……

这一原理在现实生活中也是同样的。从电视台购片部门和院线之前都有一个观众测评或者试看的环节，其实也是在观察分析观众或者市场的反应，只是过去是抽样分析，而今天则是建立在海量数据反馈的基础上，因而更具有代表性。在这个领域，大数据的使用无疑具有无可比拟的优势。

根据市场调研数据来调整节目的播出和制作，这不是一个新鲜的事。此前，国内电视媒体主要是把收视率调查作为主要标准，而观众的喜好也是一个重要的指标。比如大家熟知的大型综艺节目都是按照这个思路来操作的。

《纸牌屋》的做法，区别在于不是采用抽样数据，而是网络的海量数据，但从方法思路上来看，本质是一样的。如果采用的是严谨的调研数据，这种方法所代表的趋势必然是一致的。虽然这种做法并不新鲜，不过，从大数据开发视频制作，再到把这种做法引入到电视媒体来看，这种观点值得重视，这也是电视创新的一种方法。

另一个典型例证就是网络游戏的测试。一款游戏制作完成后，开发商往往在正式商业运营之前，举行不同范围的测试。公测是公开测试，内测是封闭测试。内测参与人数较少，账号较难得，而且出现的 Bug① 一般较多，数据一般不予保留。公测是邀请一些全国各地的用户参加测试，主要是侧重于客户端可能出现的问题，测试服务器的性能和查找程序的 Bug。公测一般是在内测数月后，游戏的 Bug 经过内测，已经明显减少，允许玩家注册账号，数据予以保留。公测数月后进入收费运营（也有像泡泡堂一类的游戏是一直公测的），内测和公测都不收费。公测的理念也是通过用户数据的反馈，帮助游戏开发商对游戏进行修改和完善。

## 四、大数据的成功与无法复原作品的优秀基因

我们可以将生物分析成各种化学元素和遗传密码，但是绝无可能逆向操作，合成或者复原生物。就像我们无论多熟悉《红楼梦》的遣词造句的方式，也无法重写出《红楼梦》。

---

① 现在人们将在电脑系统或程序中，隐藏着的一些未被发现的缺陷或问题统称为 Bug。

2013年6月，电影《富春山居图》在市场上遭遇了观众的超低口碑。业内人士认为，虽然这部影片集合了明星、穿越、爱情、动作、玄幻等观众青睐的诸多元素，看似对观众的观影心态和消费习惯做到了有效把握，但由于对这些元素的整合缺乏艺术性，从而使影片变成了多种元素的简单堆砌，电影本身的品质乏善可陈。

今天大家对克顿的数据分析和成功的商业运作津津乐道，但也有人曾经根据电视台播出数据，分析出成功电视剧的主要要素，然后以此制造出一部“标准”的卖座剧集，结果却折戟沉沙，血本无归。我们可以通过生物化学的分析，了解人类生存发育每天所需要的蛋白质、脂肪、纤维、水、维生素等，但如果将这些必需的要素制成药丸，真的能取代日常的饮食吗？很显然不是的。因为，人们必须承认，我们今天的知识仍然是极其有限的，大量领域中的其他知识，我们还并不清楚。正如西方谚语所说“人类一思考，上帝就发笑”。我们过于自信，对所掌握的知识和数据过于偏执，一定会走向事情的反面。

因此，当大数据对普通商品的营销起到举足轻重的作用时，对于文化产品的指导作用，我个人认为并不能乐观。因为文化产品不仅具有普通商品的属性，更具有意识形态的特殊属性。一味地注重营销规律，忽视文化本质，很可能会犯经验主义的错误。

今天，人们谈论《纸牌屋》的成功，甚至将主要的原因归功于大数据分析及其应用。这样做固然有一定道理，但是，如果通过大数据分析而圈定的主创，在创作本剧时有失水准，表演草率，故事粗糙，那么，再精准的分析也没有意义。

## 五、大数据时代催生新的文化服务业

大数据时代，数据垄断将衍生出行业变迁。随着发表方式和阅读方式的多元化，传统播出平台的好日子即将到头。一般意见上的买方市场，将向多元互动的市场变化。创意形成供给，供给创造需求，供给引领市场。创意的成功需要以大数据分析为参考。

在Web2.0时代，任何企业，既是数据的需求者，同时也是数据的制造者。只有无数用户的使用和更新，数据才有价值才有活力。

社会加速运转的今天，数据的更新节奏加快，历史数据不断贬值，甚至被淘汰，所以，数据垄断将会是画地为牢式的自杀，开放数据才能使数据更有价值。

大数据理论中，声称“为什么”并不重要，可以留给学者们去研究，重要的是

“是什么”，因为相关关系比因果关系更重要。我认为这是一种新的经验主义。大数据的初步应用可以获得“是什么”的结论，但是只有通过分析，了解“为什么”，这样的数据运用才是理性的，可用的。大数据如同一匹烈马，不能拒绝它。如果能够很好地驾驭，将会提高效率，但如果只是信马由缰，将会出现“盲人骑瞎马”，“夜半临深池”的危险。

总之，在大数据时代来临的今天，文化产业的业者应当敏锐地发现大数据对文化产品制作和营销的影响，抓住机遇，积极利用大数据，为市场提供更多更好的产品。但与此同时，真理要是走出了边界就会成为谬误。应当充分认识文化产业的特殊性，不宜盲目夸大数据的作用，数据毕竟只是商业工具，只是决策参考，不是决策主体，更不能取代决策。

# LU XIAO HUA

## 陆小华

新华社音视频部副主任，新华社享受国务院政府特殊津贴传媒专家、法学博士，国家行政学院、清华大学、中国政法大学等高校兼职教授。

出版有新闻学、经济学、法学等相关专著。就传媒、管理、法律、新媒体与新经济等多个领域做过专题讲座。曾任新华社新闻研究所所长、《中国记者》杂志总编辑、新华社中国新华新闻电视网（CNC）总编辑。

主要著作有：《西部对策——抑制返贫与中西部发展》《整合传媒——传媒竞争趋势与对策》《再造传媒——传统媒体系统整合方略》《信息财产权——民法视角中的新财富保护模式》等，还编、译有《全能记者必备》《重大报道对策》等多部，有论文近200篇。

# 大数据时代枢纽型企业的历史机遇

陆小华

**摘要：** 新媒体演变正在呈现新的规律，全球生产体系再调整，数据资源财产化，新型枢纽型企业走向多元化、数据化，并成为最有价值的竞争主体等历史机遇，给传统媒体的战略转型提供了新的机遇与新的战略选择。以这样的眼光观察阿里集团等新型枢纽型企业样本，就会发现，谁是社会生产体系的中介与枢纽，谁就占据着获取超额利润的位置。因而，传媒转型战略选择之一是走向枢纽型传媒，以获取发展势能；而实现途径，可以是从内容传播平台走向社会互动中心。

**关键词：** 新媒体　数据资源　财产化　枢纽　战略转型

## 一、新媒体还将如何演变？

新媒体正在改变传媒业的发展轨迹，也在改变大文化的格局。即使不承认新媒体就是未来，那至少也是正在到来的未来。

面对未来，更值得解析的问题是，新旧媒体除了载体与工具的区别，还有什么样的东西具有决定性意义？从纷繁复杂的新媒体演变现象中，可以抽取出什么规律？感知新媒体还将如何演变，以把握正在到来的变化，分享变动效应和机遇。

今天，作为传媒学者，在我看来，新媒体演变规律至少包括以下几个方面：

### （一）从信息型传媒走向关系型传媒

新诞生的新媒体形态都具有社交元素，象征着新生的媒体形态正在从内容提供型传媒走向关系运营型传媒。手机电视之后出现的新媒体，主要是以互动、社交、移动、超细分、超便利为基本特征的关系运营型媒体。其竞争力核心已不仅是提供内容，更多地体现在如何提供、提供什么、是否匹配。内容价值不再简单地源于提供信息，而在于提供分析、判断、见识，体现为解释权的竞争。传媒价值不再简单地源于提供内容，而在于重新定义与接受者的关系，体现传媒与受众关系的重新定义与运营。人们常说，互动是互联网的核心特征。实质上，作为互联网核心体现方式与生存逻辑的互动，更体现为关系运营。贝索斯可能不擅长制作内容，但可能擅长运营关系。以这个视角观察亚马逊的首席执行官杰夫·贝索斯购买《华盛顿邮报》，可能使其从另一方向转型成功。对传统媒体与从事新媒体创业的人们，首先所需要的是重新认识并梳理媒体与受众间的关系链，其次是拥有试图把受众变成用户的新关系链的认识方式和眼光，最后是基于关系链重新发现新的服务链。

### （二）内容加服务的客户端对传媒体现更强调替代性

冷静观察就会发现新媒体产品变异速度加快，客户端正在从单纯的内容包走向内容加互动服务，其迅速增长的下载量与活跃用户，成为移动终端上更有竞争力的新媒体形态。而服务产品的加入，提升了客户端的使用价值，顺应了移动状态下人们的多元需求。

### （三）关系链传播重新定义媒体与使用者关系

传统媒体是直接传播、对象传播、线性传播，而关系运营型媒体是驱动传播、分享传播、互动传播。传统媒体的受众往往是传播的终点，而关系链传播中的受众则是关系链传播的一个节点，还会参与再传播。关于信息与观点性的内容，以及服务沿着复杂的关系链传播，每个接受者不再是终点而是传播链上的一部分。因而，互动型传媒、产品、服务能够带来更大价值。

### （四）传媒发展从受众驱动到用户驱动

传统媒体的转型，从某种意义上是形成新的用户思维，把单纯的受众转变为用户，在寻找用户、形成用户关系、服务用户显在和潜在需求、运营所形成的用户价值等方面做出新的努力，从而推动传媒以新的逻辑发展。新旧传媒的区别，不仅在于是否使用的是新媒体载体、新媒体工具，更在于是否以新媒体思维运营。即使是移动终端上的产品，以传统媒体的思维运营，呈现出来的也是传统媒体。以新媒体思维运营平面媒体与新媒体的融合体，平面终端仍存在，呈现的也是新媒体。

### （五）从类别需求为核心走向移动需求为核心

传统媒体的提供方式与传统内容产品的定位核心是类型化，以满足类别需求。移动互联网时代的定位核心是在满足移动需求基础上的类别细分。

### （六）影响逻辑是商业逻辑的前提

对于新媒体产品，人们经常会问的问题是赢利模式是什么，如何赚钱。但研究

诸多新媒体内容产品的兴衰就会发现，影响逻辑或者说满足逻辑是商业逻辑的前提。对于新媒体内容产品，商业模式清晰，影响逻辑不清晰，它仍然可能被淘汰；商业模式不清晰，影响逻辑清晰，它有可能继续生存。就像已经有五亿人应用的微信，人们仍然不确定其如何盈利，但是并不妨碍它的用户增长，不妨碍其支撑腾讯股价，腾讯与9年前上市之初相比股价已上涨100多倍。新闻集团和苹果公司联手开发的The Daily（《月报》），付费阅读内容，商业模式很清晰，但其影响逻辑并不清晰，或者说与移动状态下的用户需求行为与需求心理不匹配，不到两年就退出了市场。任何新媒体产品都需明晰其影响逻辑或满足逻辑：影响什么人，如何影响，影响价值如何兑现，或者说是满足什么需求，如何满足，满足价值如何兑现。影响价值或满足价值如何兑现，就是影响逻辑与商业模式间的连接点。前两者没有做好，讨论第三者就不太有意义。通常，满足很简单的需求，反而能获取更大价值。

### （七）关系链服务是价值创造的新引擎

大家都用微信，你玩过打飞机游戏吗？多少分？谁在朋友圈中第一？如此简单的游戏为什么吸引人？关键在于是否提供好友排名？这样的游戏除了提供控制、实现等娱乐元素，在提供什么？结果便是在于提供关系链服务。关系链服务其实普遍存在，会员制就是固化服务关系，游戏引入排名等社交化元素，便是提供关系链服务。而关系链服务在移动互联网时代有更大的魅力与价值。关系链服务是价值创造的新引擎，提供关系链服务积累到一定阶段，盈利就是水到渠成的事情。

### （八）使用行为与新媒体演变互为驱动

今天，消费者的行为模式发生了三个重要变化：从固定需求到移动需求；从获取信息到消费服务；从类别化到超细分化。使用者的消费行为不是简单的类型需求，而是最重要的驱动因素。因此，行为数据比消费量数据更有价值。行为数据描述出消费者的行为模式和优先选择，这也是大数据创造价值的基础，近几年的《互联网发展状况报告》已经告诉我们，数据量的提供已经不太重要，对于行为的描述和比较才更有价值。从数据的对比中能够看到决策时必须考虑的因素。

### （九）便利替代型服务正成为移动互联网创业主流模式

社交平台的发展，特别是基于真实人际关系移植的Facebook、WeChat（微信）等社交平台，使新媒体工具出现新的分化。社交平台上真实人际关系构成的强关系与一般粉丝形成的弱关系远远不同，它呈现出更大价值。基于强弱关系不同，互动服务出现明显分异，弱关系更趋向传播型服务，强关系更趋向便利替代型服务。

换一种眼光看，便利替代型服务正在成为移动互联网创业的主流模式，即把现实生活中存在的某种服务，转移到移动互联网上来，使其更为便利；同时，挖掘人们的显在与潜在需求，设计不同于线下的新产品。互联网金融、健康管理等领域正在呈现出这样的创业态势，微信公众账号上出现的服务产品同样是依循这样的路径。

## 二、三大历史机遇与传媒竞争力的新来源

在多屏时代，传统媒体应当如何增强竞争力，拓展已有的品牌影响？在我看来，包括数据资源财产化在内的一系列历史性机遇，是传媒竞争力的新来源。

其一，全球生产体系在投资便利化与移动互联网化的推动下，进行再调整、再平衡、再重组。在这样的结构化变化进程中，国际社会都在寻求再适应。一系列新的多边贸易合作协议谈判，已经凸显出这样的结构性变化进程的影响。中国（上海）自由贸易试验区不同寻常的改革试验，体现出在这样的结构性变化进程中，中国为获取更有力的竞争地位所做的努力。这样的结构性变化进程，对传统媒体与新媒体的发展，同样带来的是新的挑战和新的机遇。新媒体发展的影响是全方位的，不仅是人与人的传播、人对物的传播、物与物的传感，更是带来结构性历史性变化。因为，人类任何活动本质上都是信息活动，信息流的传递介质、传递方式的不同将决定你接受信息的不同。因此，所有有关信息传播媒介的变革本身就是底层的变革。未来十年，社会生产体系的变化，一定程度上就体现为围绕信息传播媒介变革的社会生产重组。也是从这个意义上说，不仅新媒体已经成为传播格局的决定性力量，新媒体的迅速发展，也正在成为引发重大变革的推动力量。

其二，数据资源财产化。人们热议大数据，并由此推论其对诸多领域的影响。实际上，所谓大数据只是一种概念性、技术性描述，是相对概念。而数据资源的利用，应当说什么量级数据资源都应当加以利用。只是，量级越大的数据资源，可以发现更多东西，可以更为精确地接近核心，帮助我们挖掘更多的东西。更值得人们关注的历史性机遇，是数据资源财产化。

数据资源财产化的进程是多元而有力的。它首先是个重新认知的过程，在这个过程中，人们重新认识数据的价值，认识如何积累数据，如何从数据中提取数据产品，如何利用数据产品进行拓展。数据资源财产化同时是个重新发现的过程，人们

会深刻地认识到，所谓大数据利用，所谓数据资源利用，有两个基本原则，即分析模型比收集技术更重要，跨界利用比传统分析更有价值。数据资源财产化更是数据财产法律化的进程，现行法律，对数据库内容资源并没有条文明确保护。而在数据财产法律化进程中，人们会形成合意，有所约定，认识到数据资源是信息财产的一部分并逐渐廓清其边界，并从规则上确定数据财产如何保护，至少可以探索合约、规则与成文法三个层面的界定与保护。在数据资源财产化进程中，所谓大数据会从一种描述，一步步进行产品化、资源化、资产化，甚至是资本化。而没有法律保护，大数据开发利用很可能是无基之屋。在这个过程中，数据才真正从一种积累变成资源，随着资源化一步步财产化。在这个过程中，人们重新发现已有的数据资源的价值并为此拓展新的数据资源。而数据资源的法律化进程，会激发人们更主动地创造数据财产。

同样，在这个进程中，传统媒体与新媒体所积累的内容资源与数据资源都可能创造更大价值。

其三，新型枢纽型企业走向多元化、数据化，成为最有价值的竞争主体。传统的枢纽型企业是银行、港口。互联网对金融生态的巨大影响已经清晰地体现出来，不仅表现在运营模式、产品设计理念、竞争逻辑、组织形态等方面，银行等金融机构还会重新权衡终端网点的成本和收益，重新定义终端网点的功能，重新设计基于超细分与超便利的移动互联网金融产品。新型枢纽企业一定是能够积累大数据并有效运用的服务企业。在这样的过程中，传统枢纽型企业会经历数据化进程，银行、航空公司、港口等市场主体会重新认识自己数据资源的价值，而展开匹配，这是移动互联网时代大数据利用的核心与关键。

新型枢纽型企业不仅能够积累数据、利用数据，而且还能够运营关系。这对新媒体内容传播平台是机遇，传统媒体同样需要利用这种机遇，只是这需要运用新媒体思维去运营传统终端，协同传统终端和新终端，调整整个生产体系，建立新的规则。

### 三、以新思维观察新型枢纽型企业样本

2013 年的马云新闻不断。一是马云退休。2013 年 5 月 10 日，在淘宝十周年的晚会上，马云身穿七分裤，头戴礼帽，在“从全国各地，从美国、英国、印度来的同事”面前，演唱两首歌曲，发表退休演讲。做阿里巴巴仅仅 14 年，做淘宝仅仅

10年，就凭帮助人们付钱给一个没有听见过名字的人，“买一个你从来没有见过的东西，经过上千上百公里，通过一个你不认识的人到了你手上”这样的服务，十年后，马云交出一个每天成交2400万笔、牵动面极广的生态交易系统，宣布“明天开始，生活将是我的工作”。而坐在杭州黄龙体育场现场的，还有许多从“92派”①到新生代的企业家。

二是退而不休。十天后，马云以“菜鸟”为新公司名重出江湖，阿里集团、银泰集团联合复星集团、富春集团、顺丰集团、三通一达（申通、圆通、中通、韵达），要以互联网思维，用5到8年时间，打造遍布全国的开放式、社会化的物流基础设施，建立一张能支撑日均300亿（年度约10万亿）网络零售额的智能骨干网络，打造中国未来商业基础设施。

马云退休前一天，一位预定要参加黄龙体育场仪式的朋友说，十年前我们的网站就是重点新闻网站，“那时候，谁知道马云是谁啊！”，的确，那时，老老实实在努力借助互联网提供信息的人们，谁知道马云是谁呢？第二天，马云的退休演讲，倒是提供了此一问的答案：“这是一个变化的世界，我们谁都没想到我们今天可以聚在这里，可以继续畅想未来，我跟大家都认为电脑够快，互联网还要快，很多人还没搞清楚什么是PC互联网，移动互联来了，我们还没搞清楚移动互联的时候，大数据时代又来了。”

面对退休与退而不休的马云，重新看淘宝。淘宝是什么？

百度的答案是“淘宝网是亚太最大的网络零售商圈”。2011年交易额为6100.8亿元，占中国网购市场80%的份额，比2010年增长66%。2012年11月11日，淘宝单日交易额191亿元。而根据中国电子商务研究中心发布的《2012年度中国网络零售市场数据监测报告》：截至2012年12月中国网络零售市场交易规模达13205亿元，同比增长64.7%，其中，淘宝天猫交易额首度突破万亿大关，达到了11600亿元；京东商城交易额突破600亿元；苏宁易购全年销售额达183.36亿元。

淘宝仅仅是“网络零售商圈”？从支付宝与小额信贷的视角来看，淘宝已经是非银行金融机构；从淘宝网页的点击量，从淘宝网对消费文化的影响，从淘宝广告收入占淘宝平台总收入高达4/5来看，淘宝可以说是一个媒体；而从淘宝对物流生态系统的影响，淘宝是一个不做物流的超级物流企业。换个视角，也可以说淘宝，

① 指1992年邓小平南巡后成长起来的一批企业家。

是信息企业，是IT企业。

是什么让淘宝如此迅速地强大到如此地步?

马云在退休演讲里也这样问："是什么让马云有了今天，我是没有理由成功的，阿里没有理由成功，淘宝更没有理由成功，但是我们居然走了这么多年。"对此，马云的答案是"一种信任"。

我的答案是阿里集团自觉不自觉地摸到了枢纽型企业的位置。"工业时代是论资排辈""十年以前我们看到无数个伟大的公司，我们曾经也迷茫过"，但幸运的是，摸到了一张代表未来的牌，就是枢纽，演变成了枢纽型企业。

在我看来，阿里集团在这十年的发展中，拥有了三个枢纽位置：一是交易平台，在正在进行的电商革命中，在经济最活跃的亚太地区，创造了亚太最大的非现场交易量。这个平台的集聚效应，使得还会有更多种类型、数以千计难以想象数量的交易聚集到这个平台上。二是支付平台，支付宝最初是淘宝网为解决网络交易安全所开发的"第三方担保交易模式"的第三方，由买家将货款打到支付宝账户，由支付宝向卖家通知发货，买家收到商品确认后指令支付宝将货款放于卖家，至此完成一笔网络交易，因为这个枢纽位置而发展成最大的第三方支付者。截止到2012年6月，支付宝注册用户突破7亿，日交易额超过45亿元人民币，日交易笔数达到3369万笔。2012年11月11日的"购物狂欢节"，支付宝交易量高达1.0580亿笔。三是沟通平台，在淘宝网交易时如果双方要进行网上实时沟通，只能使用阿里旺旺这种网上商务沟通软件，寻找客户、提出需求信息、洽谈生意、对接服务要求、客户关系管理，所有的交易行为都通过这个工具，也都在这个平台上留下了行为特征、需求偏好数据。

淘宝的成长以及在电子商务、物流、金融、数据挖掘及未来的电商生态系统的影响，无不因为是拥有了这样的枢纽型位置。因而，阿里集团实际上是一个枢纽型企业。

枢纽型企业当然重要。在工业时代，典型的枢纽型企业是银行。谁是社会生产体系的中介与枢纽，谁就握有获取超额利润的位置。在金融危机中，人们说一些企业是大而不能倒。实际上，是因其处在枢纽型位置，因重要而不能倒。

观察工业经济时代的枢纽型企业，往往是资源占有少的企业反而容易发展成枢纽型企业。比如，世界上的港口主要有两种类型，一类是河口型港口，河流给港口带来了广阔的腹地与货流；另一类是海湾型港口，比如，香港与神户，没有这样的

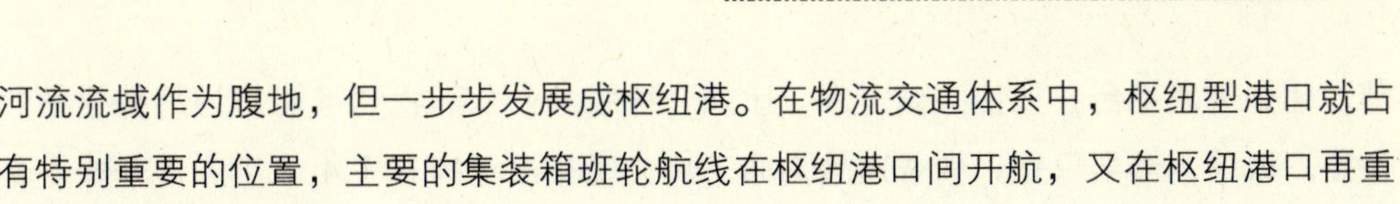


河流流域作为腹地，但一步步发展成枢纽港。在物流交通体系中，枢纽型港口就占有特别重要的位置，主要的集装箱班轮航线在枢纽港口间开航，又在枢纽港口再重新编组分送其他港口。

在信息时代，显然占有信息枢纽位置，就能够获取稳定或超额利润。阿里占据了交易平台，对接供求信息（而不是货物，因为发货、收货地点可能在任何地方）；占据了支付平台，对接支付信息与接受、暂存、经手资金流动；占据了沟通平台，对接需求偏好与交易行为。而菜鸟网络，实际上是在构建所有物流企业之间的物流枢纽。拥有枢纽的菜鸟网络，当然不做物流，而是要使物流围绕菜鸟网络构建新的生态系统。

## 四、战略：走向枢纽型传媒以获取发展势能

新媒体正在引发什么样的历史性变化，带来什么样的历史机遇？在我看来，新媒体正引发社会生产体系变革。

新媒体的发展，正催生当今社会发生5个方面的变化：一是要求个人再定位，每个人都必须重新进行自我认知与定位。二是要求社会再结构，今天的社会正在演变成虚实结合的新结构。三是要求规则再重构，所有的社会成员都必须适应新关系、新边界。当前已经出现了很多新财产、新关系、新边界，比如过去人们认为信息不是财产，现行的著作权法保护的只是数据库的外壳，但实际上现在信息作为财产正在逐渐被认知，也已有相关判例表明人们在开始积极保护。四是要求行为再调整，社会的管理与被管理者的关系重构在持续进行，甚至可以把目前发生的诸多的社会热点、社会事件视为这种行为再调整的过程。五是要求生存再适应，今天的社会主体都必须要调整存在方式，接受新的存在方式。

新媒体发展对传播格局的影响，已经为人们所深刻体验到。但今天，信息传递介质与传递方式的变化，正在构建新社会生产体系，以3D打印为代表的制造业革命，只是社会生产体系革命很多中的一个分支。以电商发展为代表的这轮零售革命的重要意义，在于它消灭了工业革命以来所形成的货物流通体系的很多中间环节，使得生产者和需求者之间更容易对接，它正在推动社会生产体系的重组。今天每个人都能掌握更多信息，能够更有效沟通，更有力、更有效率地对外部世界施加影响，从而使得社会变化更快。这样的重组，带来了巨大的历史机遇。

在我看来，未来十年，分享中国梦的机会，在于抓住社会生产体系中的关键环

节，比如信息平台；抓住关键需求，比如一种服务；从而找到可能作为某种枢纽的位置。微信，最早只是一种普通的沟通工具，现在已经拥有了4亿用户，变成4亿人的习惯，它就找到了枢纽位置，这样的机会一定还有。

在信息时代，显然占有信息枢纽位置，就能够获取稳定或超额利润。人类所有的活动都是信息活动，产品的生产、交换、分配、消费都以信息为基础。媒体与新媒体的发展取向是什么，从战略层面上说，不仅要占据信息枢纽位置，还需要谋求人们在其他生产活动、生活方式方面所不可或缺的枢纽位置，通过提供服务，提升自己在新社会生产体系中的重要性，而不是只沿着媒体提供信息、提供内容的路子走。这是一个战略选择。

在这种变化中，传统角色带来的位置，所带来的发展势能不会永远持续。新的角色、新的规则进来，就会改变一切。这时候需要寻找新的位置，把原来不起眼的东西，发展成赖以在新格局中安身立命、借势发展的东西。对传媒而言，这种再定位，就要求传媒从信息型传媒走向服务型媒体，从单纯提供信息，走向提供以信息为核心的服务。可以是更经济型的综合服务，如彭博公司、淘宝，也可以是更传媒型的特色服务。

对于中国传媒业的诸多竞争主体而言，最大的机会就是成为枢纽型媒体。历史性变革赋予了信息中介、服务中介更有影响力与更有价值的位置。这样的枢纽型媒体，是以不同以往的思维方式使用现有与未来的信息工具、沟通工具、娱乐工具与服务工具；是信息服务与社会服务的信息枢纽之一；是社会生产体系的一个枢纽型环节，而不只是一个分支领域。

要获得这样的枢纽位置，所需要的也许只是重新定义什么是传媒，传媒还可以做什么。至于具体可以做什么，则是需要有更多时间另外再讨论的。

## 五、途径：从内容传播平台走向社会互动中心

每当一桩并购事件发生，人们都会问，凭什么值这么多钱？这样的问题，2013年初浙报传媒并购边锋浩方时，人们问过，这多少是因为当时人们对传媒集团去并购游戏公司的举措有些不太适应。但如果是2013年中A股公司沾上手游概念就致使股价疯狂上涨的时候，人们可能就不会这样问。

PPTV这样的视频网站值多少钱呢？显然，不同的时候，投资者依据不同的目的与估值模式，便会给出不同的答案。2011年2月15日，PPTV的首席执行官陶闯

在北京宣布，获得软银的2.5亿美元融资，软银持股35%。这意味着PPTV的估值到了7亿。2013年10月28日，苏宁云商召开新闻发布会，宣布联合弘毅投资投资4.2亿美元，收购PPTV聚力76%的股份。其中，苏宁投资2.5亿美元，占PPTV 44%的股份，成为PPTV的第一大股东。按此估算，PPTV的估值5.5亿美元。

即便是公司估值不如当年，人们依然要问，一个视频传播平台，凭何值这么多钱？显然，电子商务的发展，必须运用视频这种最具表达力的传播方式，必须利用视频终端在客厅中的特殊位置和影响，也必须走向多屏协同。而苏宁云商要实现所谓“线上线下融合、软件硬件融合”的战略设想，在分析师看来，“借力PPTV的移动及客厅多屏业务，公司将或实现对用户入口的长远布局”。

实际上，视频播放平台何以值钱，已经有另一种答案，那就是所积累起来的用户行为数据资源。人们经常讲到的故事是，在美国有2700万订阅用户的视频网站Netflix，借助每天用户在Netflix上产生的观看行为数据，分析在线观看剧集的观众可能喜欢什么演员和什么类型的剧，从而决定如何投资。据说，Netflix所投资的《纸牌屋》，打破美国剧集上线常规做法，一次全剧集上线大获成功，就得益于Netflix海量的用户数据积累和分析。但也有分析者认为，《纸牌屋》的成功，更应当说是成功地运用大数据概念做的剧集营销。

但不管核心因素是什么，显然，视频播放平台所积累的用户行为数据，已经间接或直接成为为其创造财富的资产。

面对数据资源财产化、新型枢纽型企业发展现状，这样的结构性历史性变化，传统媒体如何增强在传播格局与市场格局中的竞争力？至少有以下几点是值得考虑的：

第一，要努力把报道所形成的“关注性影响”转化为“权威性影响”。传统媒体所形成的影响，大致可以分4层：一是关注性影响，即报道行为本身，引起了受众的关注；二是事实性影响，即对事件、现象、趋势的报道内容，影响了受众；三是说服性影响，即报道中隐含的或直接表达的观点、倾向影响了受众；四是权威性影响，即传媒的报道，特别是分析、判断、观点、见识不断得到现实发展的验证，使人们认可了这个传媒的判断能力，形成事实上的权威。实际上，传媒间的竞争，不是报道权的竞争，而是解释能力、解释水平的竞争，是解释权的竞争。在新媒体时代，内容的价值不仅在于提供信息，更在于提供见识。

第二，要努力从“内容制作播出中心”转变为“社会互动中心”。新媒体的核心特征是互动、社交、移动、超细分、超便利，这会要求媒体运营逻辑发生重要变化。新旧媒体的区别，不仅仅在于使用什么样的终端与载体，更在于运营思维与运营模式。以传统媒体思维运营新媒体，呈现出来的也是传统媒体，如一些传统媒体办的网站。而以新媒体思维运营传统媒体，呈现的也可能是新媒体。就此而言，传统媒体不能仅仅是内容制作播出中心，必须走向社会互动中心。社会互动中心就意味着与社会的互动并不仅仅是局限于所提供的内容。

第三，从“提供内容”转向“提供以内容为中心的服务”。传统媒体是信息型传媒。而手机电视之后出现的新媒体，都有社交元素。有社交元素的新媒体与传统媒体的区别，就是新媒体不仅提供内容，还提供运营关系，是关系运营型传媒。为适应这个时代，传统媒体必须从“提供内容”转向“提供以内容为中心的服务”，努力把传播关系链拓展成服务关系链，走向服务链运营、关系型运营。这个服务包括娱乐服务、利益服务、机会服务、移动互联网创业规则的便利服务。

# SUN YI GANG

## 孙一钢

国家图书馆馆长助理兼现代技术研究所所长、研究馆员，全国宣传文化系统“四个一批”专门技术人才、文化部优秀专家。目前是中国图书馆学会数字图书馆专业委员会主任委员，中国通信学会互联网应用及信息服务委员会委员，中国情报信息学会互联网应用专业委员会委员，国家科技支撑计划现代服务业领域总体专家组成员、国家文化科技创新工程专家组成员，《国家图书馆学报》编委，国家图书馆博士后科研工作站导师。

主要研究领域：数字图书馆、信息处理和计算机应用。长期负责国家图书馆网络系统管理、应用服务系统设计与开发等工作，组织设计和实施了国家图书馆馆域网二期建设工作，组织开展了国家数字图书馆工程立项和可行性研究等工作。

# 大数据时代的公共文化服务模式转型

孙一钢

**摘要：**大数据是近年来IT领域中必谈的一个关键词，不管你愿不愿意承认，大数据都在逐渐向我们走来。现在美、英等国都在从政府层面上推动大数据的应用。据了解，国内有很多大学成立了有关大数据的研究机构。关于大数据与文化的结合，年初美国的一份报告显示，对于云计算信赖的主要结果就是促进了大数据的迅速发展，虽然近期难以分析大数据带来的全面影响，但是高等教育领域、公共文化服务行业均在关注大数据的发展潜力和应用前景。大数据时代公共文化服务模式转型主要体现在理念、需求、技术、资源建设和管理等方面。

**关键词：**公共文化服务模式　数字图书馆　公共图书馆　应对策略

科技的发展总是伴随着社会的变革和进步，正如工业革命的开始是以蒸汽机、运输系统和大规模制造业为代表。如今，互联网、物联网和智能移动终端一起，共同开启了一个新时代的到来——大数据时代。①

受信息大爆炸和社会对海量数据处理和深层发现的需求所趋，各国纷纷制订大数据战略并开展相关的研究和应用。最近几年，信息科技的发展催生了大量新概念、新技术的产生，使得大数据变得更加实用。科研专家和企业巨头作为领军者逐渐将大数据技术应用于社会、经济、文化的各行各业，促进了社会的进步和文明的发展。可以说，缺乏数据资源，无以谈产业；缺乏数据思维，无以言未来。大数据时代改变了以往的IT架构，颠覆了传统的数据存储、管理和分析方式，对以信息资源保存与服务为使命的图书馆形成巨大的冲击与挑战。中国工程院院士李国杰先生曾呼吁："大数据研究正在形成热潮，学术界需保持清醒。"② 作为国家公共文化

---

① Big data: The next frontier for innovation, competition, and productivity, http: //www. mckinsey. com/Features/Big_ Data.

② 李国杰院士：《大数据成为信息科技新关注点》，http: //www. cas. cn/xw/zjsd/201206/t20120627_ 3605350. shtml。

体系的重要组成部分，图书馆如何抓住机遇，发挥自身优势，开展“数据驱动”的知识服务是大数据时代下图书馆公共文化服务模式转型的必然选择。

## 一、大数据时代给图书馆带来的环境变化

### （一）数据成为重要的行业资产

大数据是继云计算、物联网之后IT产业又一次里程碑式的技术变革。云计算主要为数据提供保管、访问和分析的场所和渠道，而数据才是真正有价值的资产。数据已经成为信息时代的石油，渗透到当今每一个行业和业务职能领域，成为重要的生产因素。人们对商业、经济及其他事物的决策将日益基于数据的分析而做出，而并非基于经验和直觉。图书馆以传承人类文明为己任，历来被誉为知识的海洋，大量的古今文献、知识数据库、网络信息资源构成了图书馆的海量资源库，是图书馆独有而珍贵的数字资产。此外，大量的如读者借阅习惯、服务消费痕迹等能为图书馆的未来发展、服务模式进行趋势分析的大数据都将成为图书馆的核心资产。如何盘活这些珍贵的数据资产，充分挖掘其潜在的价值和内在关联，是大数据时代下图书馆要考虑的核心议题。

### （二）数据来源多样化

物联网和互联网是大数据滋生的土壤，星罗密布的人造卫星和数以千万计的各种传感器，源源不断地侦测、创建和传输大量的数据。人们的生产生活、文化娱乐等人性化的表征和行为都在虚拟的网络空间中再现和升华。智能移动终端的普及则给大数据带来丰富、鲜活的个人数据信息。数据的影响已经渗入了产业、科研、教育、家庭和社会等各个层面。行业数据的爆炸性增长为图书馆提供了更加多样化的数据来源。总体来看，大数据的主要来源有：（1）政府数据；（2）企业自身运营数据和科研数据；（3）自媒体时代的个人数据。作为数据提供与分析中心，图书馆不仅有义务保藏人类知识文献，也有责任收集和管理社会经济领域大数据，并加以挖掘分析，使其为国家治理、企业决策乃至个人生活服务。

### （三）用户需求发生改变

在信息时代互联网化的宏观大背景下，图书馆所处的信息环境迅速出现E化，传统的以纸本资源为主、提供到馆服务的模式已不能满足社会和民众的需求，数字

学术文献已经成为用户学习与创造的基本保障。① 很多科技期刊和主要国家的专利文献已完全实现数字出版。数字环境下，科研人员更倾向于优先使用网络资源。②相比在海量网络资源中寻找自己所需的信息，用户更希望图书馆能够提供一站式信息搜索、知识发现和科研数据分析等智能化服务。如何揭示大量原始数据中蕴含的科学价值，通过人工智能技术挖掘更多元、深刻、全面的事物规律，构建完善的科学数据管理与交流平台，满足大数据时代下用户的知识需求和个性化服务需求是图书馆转型所要解决的重要问题。

### （四）大数据服务的门槛和难度大大提高

大数据服务要求在完整、大量、多样的数据集中条件下，迅速获取所需信息。大数据服务不仅是研究对象体量大、数据结构复杂，同时也是一个技术范畴，要求具备为之配套的数据存储、远程计算、非结构数据分析等的计算机技术。云计算为大数据的集中管理和分布式访问提供了必要的场所和分享的渠道，使数据处理速度达到实用程度（<1 秒），真正使大数据服务从概念变成现实。人工智能技术则是大数据的转化器和增值器，为大数据“沙里淘金”提供了保障，使得数据从一盘散沙转变为人们可理解的知识关联图谱。大数据对管理与分析技术的要求极大提高了服务的门槛和难度，只有那些拥有足够技术实力、资本储备和人才队伍的实体才能真正利用起大数据的价值。加之公司、消费者等对自身数据价值和隐私的觉醒与保护，获取数据也必然会变得越来越不容易。

## 二、大数据时代下图书馆面临的问题与挑战

### （一）图书馆数字资源与实体馆资源同质化——缺乏多样化大数据

资源建设是图书馆赖以存在的物质基础和保证，资源的质量和体系建设的优劣直接影响着图书馆信息服务的效率和水平。目前，图书馆数字资源与实体资源同质化严重，多以数据库方式建设，以结构化方式存储，缺乏大数据资源的采集与管理，总体来看有以下问题：

---

① 初景利、杨志刚：《物竞天择，适者生存：图书馆新消亡论论辩》，载《图书情报工作》2012 年第 11 期，第 5～11 页。

② 张晓林：《颠覆数字图书馆的大趋势》，载《中国图书馆学报》2011 年第 195 期，第 4～12 页。

在深度上，数字资源知识化挖掘程度不够。除了元数据以外，缺乏对单篇文献进行知识点切分和语义数据化处理，导致数字资源内容的知识化和可计算度不高，影响了数字资源的深层挖掘和知识关联等后续处理。

在广度上，缺乏非结构化网络大数据。现阶段，图书馆的数字资源主要来自于馆藏实体资源数字化、商业数据库和专题网络资源。互联网上非结构化数据占整个数据量的75%以上，企业产生的数据80%是非结构化或半结构化数据。而图书馆对这部分数据的收集几乎为空白。缺乏互联网（政府、舆论、社交等）、企业、科研单位的数据采集与管理，导致数字资源建设的社会功能边缘化和信息鸿沟不断扩大，不足以提供基于社会大数据的分析和行业预测。

### （二）数字图书馆与传统图书馆业务同质化——不适应科学研究的发展和用户群体的扩展

在大数据时代，能否从传统文献检索服务向知识服务转型，是图书馆能否提升服务层级和继续保持活力的关键。

大数据时代下，基于大数据的科研开发和商业服务趋势强劲。越来越多的科学研究建立在大数据分析的基础上，企业作为技术创新的主体，成了大数据应用的主要推动者。然而，大多数数字图书馆的主要业务是实体资源数字化、音视频信息的转换、存储和检索以及多媒体信息技术的扩展深化，主要服务于实体馆的用户。少数数字图书馆的服务范围已从互联网门户向移动通信网、广播电视网等平台逐步拓展，开展了移动图书馆、电视图书馆等新媒体服务，但是服务功能有限。对用户信息需求与信息获取习惯的变化不够敏感、缺乏“数据驱动”的研究导致图书馆处于象牙塔尖，远离创新前沿，无法为用户提供基于数据的细粒度服务，不利于图书馆用户群体的扩展。

### （三）图书馆缺乏大数据所需的基础设施和人才队伍

随着结构化数据和非结构化数据的持续增长以及数据来源的多样化，现有的图书馆硬软件基础设施已无法满足大数据应用的需要。首先，存储能力的增长远远落后于数据量的增长，设计最合理的分层、分级存储架构已成为信息资源管理及知识服务体系的关键；其次，移动互联网技术的完善，使得数据移动较之以往更为频繁，而数据的移动亦成为信息资源管理最大的开销，这就促使知识管理从传统的数

据围绕着计算能力转而逐步转变为计算能力围绕着数据转；[①] 再次，高通量计算机、高可靠性、高可扩展性、高可用性的规模、语义、统计及预测性等数据分析技术、新的数据表示方法等都是亟待解决的技术问题。此外，图书馆缺乏专业的大数据人才队伍，图书馆员的技术水平和对领域大数据的分析能力还不足以应对大数据服务的现实需要。图书馆还需不断跟进大数据技术的发展趋势，培养适合于图书馆知识服务的大数据人才。

### （四）图书馆的大数据服务必须重视隐私问题

随着互联网和社交网络的发展，社会公众将在不同的地点留下越来越多的数据痕迹，图书馆的大数据分析收集了读者大量的个人资料、搜索历史、地理位置等信息。如何建立安全的信息采集、保存、利用和开发机制，在不暴露用户个人隐私的前提下为用户提供优质的个性化服务，面临着技术、信任和机制的多重考验。只有解除读者对于个人隐私的顾虑，让图书馆能够合法合理地采集到更多的读者数据，才能为大数据分析提供保证。

## 三、图书馆行业的大数据特征

### （一）大数据的4V特征

随着对大数据研究的不断深化，IT界对大数据的特点有了较为全面和统一的认识，国际数据公司IDC（International Data Corporation）对大数据特征（简称为4V）的概括也已得到了业界的共识。根据其定义，大数据具备如下四个特征：

1. Volume——海量的数据规模

国际数据公司（IDC）的《数据宇宙》报告显示：2008年全球数据量为0.5ZB，2010年为1.2ZB，人类正式进入ZB时代。2020年以前全球数据量仍将保持每年40%以上的高速增长，大约每两年就翻一倍。在国内，根据互联网数据中心的《中国互联网市场洞见：互联网大数据技术创新研究2012》报告显示：截至2011年年底，中国互联网行业持有的数据总量已达到1.9EB，预计2015年该规模将增长到8.2EB以上。

---

① 詹剑辉、王磊、孙凝晖：《高通量计算机的性能评价》，载《中国计算学会通讯》2011年第7期，第40~43页。

2. Variety——多样的数据类型

传统数据管理流程无法处理可变的大数据，这些数据可能具备结构化、半结构化和非结构化属性，如访问日志、网络检索历史记录、E－mail、社交媒体、音视频、博客和传感器数据等，甚至包括随时间演变、不一致的和冲突的数据格式。①

3. Velocity——快速的数据流转和动态的数据体系

数据实时生成，同时要求按需提供交互式的、实时或准实时的数据分析，等待时间过长的数据应用会给用户带来不良的使用体验，因为用户不仅仅需要即时的搜索或分析结果，更需要利用数据及时地对将要发生的事件进行预测。

4. Value——巨大的数据价值

第一，数据是无价之宝；第二，价值虽有，但确如沙滩中的黄金；第三，数据融合的价值，要远远大于种类单一的数据价值。最早重视数据价值的是互联网公司，在大数据研究和应用方面领风气之先。但是，大数据并非仅仅是大公司的专利，各行业单位也可以拥有数据资产，管理和分析自己的大数据。

### （二）我国公共图书馆的数据特点

随着我国公共图书馆基础设施的改善和信息资源建设能力的提高，拥有的数据资源已初步具有一定的大数据特征，同时具备自己独有的特点：

1. 数字资源增长较快，总体储量较大

图书馆的数字信息资源获取能力不断提高，逐步形成了以自主建设、引进建设和合作建设为主，以购买、数字化加工、网络资源采集、受缴、受赠和交换等为辅的多元化建设途径，馆藏数字资源总量快速提升。截至2013年第三季度，我国市级以上公共图书馆数字资源总量约为7263TB，已达到PB级。其中国家图书馆约为830TB。海量的数字资源构成了一个开放的、完整的学术生态环境，为基于数据的研究初步奠定了基础。然而受技术和资金的限制，除了国家图书馆，大部分地方公共图书馆的数字资源储量还明显不足，与大数据级别相比差距较大。

2. 图书馆数据种类丰富，数据更加规范，结构化分量更多

图书馆的数据种类繁多，不仅包括光盘资源、数字文献、数据库资源等结构化信息，也有网络资源、读者访问信息、音视频多媒体资源等非结构化信息，更有图

---

① 樊伟红、李晨晖、张兴旺等：《图书馆需要怎样的“大数据”》，载《图书馆杂志》2012年第11期，第63~68页。

书馆自身建设的相关数据。这些数据的编码方式、数据格式、应用特征存在较大差异，并形成了大量的异构数据。然而，基于传统的分类和检索服务方式，图书馆长期以来重视数字资源的有序组织，拥有的资源类型分配不均，结构化资源占比过大，另外由于政策和技术的限制，也较少涉及社会、经济、科研领域大数据。未来，随着图书馆用户群体的扩大和业务升级，非结构化数据馆藏还有广阔的提升空间。

3. 图书馆资源的知识密度更高，价值更大

图书馆以保存人类文明和文化教育为己任，向社会提供知识和学术支持，馆藏以科学文献、教育多媒体、文化资源为主体内容，知识密度远大于社会其他行业大数据，这是图书馆独有的，也是区别于网络搜索引擎的重要文化特征。

### （三）图书馆大数据服务的关键——用户数据和关联数据

服务用户是图书馆的根本宗旨。大数据时代，图书馆除了重视数字资源建设，对数据进行挖掘、融合、分析，进而分析用户的需求，提供个性化的知识服务才是图书馆的真正价值所在。其中，用户数据和关联数据是图书馆实践大数据服务的关键。

用户数据主要是读者的个人信息数据和使用图书馆数字文献时生成的数据，包括检索、浏览、点击、下载、阅读学习笔记的相关数据等。图书馆需要通过用户数据了解客户使用了哪些图书馆服务，分析不同用户群体的资源需求。通过大量的用户数据构建“图书馆—用户”关系模型，进而挖掘并预测用户的需求变化和趋势，以便图书馆找到更好的服务模式来应对未来的需求和挑战。

关联数据（Linked Data）的概念由 Tim Bemers－Lee 于 2006 年首次提出，① 其目的是构建一个计算机能理解的具有结构化和富含语义的数据网络，以便于在此基础上构建更智能的应用。② 关联数据中的数据并不是独立的或上下文无关的抽象数据，而是一个个具有 URI（Uniform Resource Identifier）标识和 RDF（资源描述框架，一种用于描述 Web 资源的标记语言）描述（包括跨域链接）的明确的知识单

---

① 林海青，楼向英，夏翠娟：《图书馆关联数据：机会与挑战》，载《中国图书馆学报》，2012 年第 197 期，第 58～67 页。

② 黄永文：《关联数据在图书馆中的应用研究综述》，载《现代图书情报技术》，2010 年第 5 期，第 1～7 页。

元，是 Web 中受管理的基本语义单位。[①] 对于图书馆来说，内容可计算是知识服务的基础，只有将语义数据化，才可以把内容知识点变成计算机可理解和处理的信息，以便后续进一步的加工、整合和分析。

### （四）大数据时代下图书馆的职能定位和公共文化服务模式的转型

大数据时代带给图书馆的不仅是机会，更是挑战。技术的开发与运用、数据的集成与处理、人才的培养与管理等都是大数据时代下图书馆无法回避的问题。当今的图书馆不但面临着极高的大数据跨入门槛，在市场竞争日趋激烈的环境中，还面临着极高的管理风险。基础设施、管理体制、发展战略等都是其是否成功迈入大数据时代的关键因素。因此，在大数据奠定的“合作”“共享”“开放”的环境下，图书馆要想有所作为，需在对自身和形势有清醒的认识基础上，把握好职能定位，利用大数据的新理念和新技术加快功能转型，提升图书馆的核心竞争力。

1. 数据保藏模式转型——图书馆应成为公共数据存储、处理与分析中心

公共图书馆作为现代社会公共文化服务的重要组成部分，在文献传递、社会教育、文化娱乐等方面发挥着举足轻重的作用。大数据时代的图书馆将不只定位于社会文化服务机构，而是要集社会公共数据存储机构、公共数据分析机构、公共数据处理机构、公共数据服务机构于一身，广泛收集和保存社会、经济、科研领域大数据，为各行业提供原始数据资料。同时，提高数据处理效率和分析水平，满足更高层次、更多样化的数据服务需求。

2. 数据管理模式转型——加强数据的安全和隐私管理

由于技术水平的限制，大数据环境下的数据存储、数据传输、数据访问、数据展示和服务监管等诸多方面均面临着一系列的安全问题。数据泄露、数据违法使用和侵犯隐私将给用户带来不可预见的损失。因此，图书馆必须重视数据的安全和隐私管理，应该以国家安全、社会稳定、保护商业秘密和个人隐私作为大数据服务的基本准则。

3. 服务模式转型——开展“数据驱动”服务进而实现知识服务

从数字资源的流向来看，图书馆的传统业务与服务重点均在下游，即资源的组织、利用与保存。然而在大数据时代，图书馆并不仅仅需要依靠结构化数据，还必

---

① 刘炜、夏翠娟、张春景：《大数据与关联数据：正在到来的数据技术革命》，载《现代图书情报技术》2013 年第 4 期，第 2 ~9 页。

须依靠大量的非结构化数据和半结构化数据来开展“数据驱动”的服务，即通过大数据关键技术将海量的复杂数据处理成关联数据，再通过数据挖掘、可视化分析等智能化技术形成具有情报价值和决策参考价值的知识信息提供给用户，实现业务与服务向上游转移。

## 四、大数据时代下图书馆的应对策略

### （一）管理层次——成立数据管理机构，制定数据管理政策

大数据建设是一项有序的、动态的、可持续发展的系统工程，图书馆应成立相应的数据管理部门，负责数据管理，建立统一的数据获取、使用、共享的政策，加强馆内外各部门的数据协调工作。

### （二）环境建设——构建图书馆的大数据环境

图书馆的资源建设应不局限于馆藏，还要通过自建资源和共享资源两种方式来扩展数据资源，构建大数据环境。

自建资源要遵从“横向扩大、纵向深入”的建设原则。“横向扩大”是指图书馆不仅要保藏已有领域和类型的数字资源，还要根据社会不同行业需要，以各种实体单位为潜在服务对象，广泛收集和保存行业性的结构化、半结构化和非结构化的大数据资源，从而建立起“单个机构——行业”的完整的产业大数据环境。“纵向深入”是指图书馆在已有领域的数字资源上，继续拓展资源类型，加强资源内容细粒度刻画和关联数据分析，将知识语义化、形式化，从而将知识点改造成内容可计算的数据。

共享资源的对象包括图情行业等第三方已有资源，需要借助统一的技术平台，研究资源共享机制，充实图书馆已有的数字资源种类和储量。

### （三）业务切入——选择重要领域，创新服务模式

首先，要明确大数据最有应用价值的行业领域，理清楚数据科学的边界和研究对象，结合大数据资源和技术，充分发挥图书馆资源组织与整合的专业优势，为不同行业的单位机构和学者提供大数据分析与决策支持服务。

其次，图书馆要创新服务模式，开展基于数据驱动的多样化知识服务，如基于数据整合的一站式资源服务、基于数据分析的学科知识服务、基于数据应用的信息可视化服务和基于数据挖掘的智慧服务等。

最后，图书馆要重视用户数据分析，融入用户业务活动，提供细粒度的个性化知识服务。

### （四）能力培养——提升技术水平，培养大数据人才

大数据服务需要图书馆解决以下几方面的关键技术：

1. 大数据的语义表示与内容可计算处理技术

要研究对海量异构数据的清洗、特征抽取等预处理技术。研究文献知识点分割、数据化标引和语义关联数据的提取技术。在形成格式统一、内容可计算的数据后，要按照知识本体进行组织和揭示，通过文本挖掘和智能分析技术将数据转化为可视化的知识图谱，进而进行知识关联和趋势分析。

2. 大数据量的存储技术

大规模数据存储需要借助非关系型数据库分析技术——NoSQL[①]、MapReduce[②]和 Hadoop[③]。它们具有大规模并行处理、开源可扩展等优点，适合非结构化数据的处理。此外，可以采用云计算的分布式存储技术，通过网络快速访问数据。

除了提高技术能力，大数据服务的开展还离不开专业的人才队伍。图书馆员应当拓宽知识面，增强业务能力，成长为能满足图书馆数据服务需求的高素质“数据馆员”，满足大数据环境下图书馆的科研和工作需要。

## 五、小　结

我们已进入大数据时代，理念的革新和技术的进步将对我国公共文化服务的内容和机制产生重大的颠覆和影响。公共图书馆界应当充分认识到这场变革的重要性和紧迫性，加强基于大数据的技术研发与业务拓展，做好新技术环境下的转型准备。在日新月异的技术变革中，“变”才是“稳”的基础和保障，面对新环境，图书馆唯有顺势而变，才能稳健成长。

---

① 泛指非关系型的数据库。

② 是一种编程模型，用于大规模数据集（大于 1TB）的并行运算。

③ 一个分布式系统基础架构。

# 第三章
# 微观分析：大数据技术在文化领域的应用

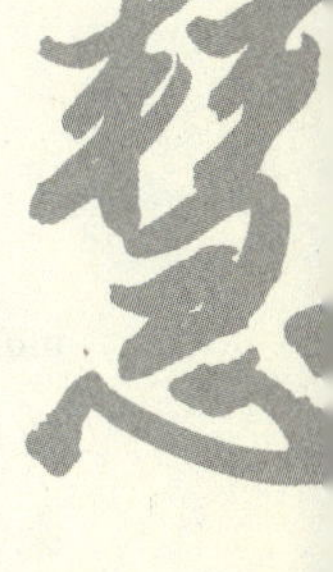

# MA WEI LI

# 马维理

郑州中恒实业有限公司董事长，郑州枫华实业有限公司董事长、经济师。

曾先后任纺织工业部第五建筑公司车间主任，纺织工业部郑州纺织空调设备厂厂长助理，纺织工业部郑州纺织空调设备厂经营厂长，中日合资郑州中大空调设备工程有限公司总经理。

# 智慧博物馆大数据的发展与应用

马维理

**摘要：**世界上第一间博物馆是1683年诞生于英国牛津大学的阿什莫林（Ashmolean）博物馆，是为了公众利益而由公共机构成立的博物馆。博物馆自出现以来便承担着促进国家意识与身份认同的职责，被视为保存国家历史遗产的机构。近年来，在科学技术的有力支撑下，文物、博物馆事业快速发展。继数字博物馆之后，在物联网时代，一种后现代化的博物馆——智慧博物馆呼之欲出。众所周知，传统的实体博物馆是指有固定场所，具有收藏、保存、研究、展示、教育等功能的非营利性机构。数字博物馆则是利用互联网虚拟技术开设的博物馆，可以将实体博物馆的某些功能延伸到更大的时空范围。

**关键词：**智慧博物馆　物联网　无线监控

从公众博物馆出现的那一天开始，博物馆就被赋予了公众教育、文化传播、科学研究、征集收藏的任务。

2007年8月24日，国际博物馆协会（ICOM）在维也纳召开的第二十一届全体大会上，通过了对《国际博物馆协会章程》的修改，认为“博物馆是一个为社会及其发展服务的、向公众开放的非营利性常设机构，为教育、研究、欣赏的目的征集、保护、研究、传播并展出人类及人类环境的物质及非物质遗产”。

## 一、智慧博物馆的发展

近年来，在科学技术的有力支撑下，文物、博物馆事业取得了较快地发展。继数字博物馆之后，在物联网时代，一种后现代化的博物馆——智慧博物馆呼之欲出。2008年11月，IBM公司向全世界介绍了一个新的理念——智慧地球，进而引发了智慧城市建设的热潮。2012年4月，IBM宣布目前正与巴黎卢浮宫博物馆合作，建设欧洲第一个智慧博物馆，通过利用IBM Maximo资产管理软件，简化博物馆维护流程，提高客户服务质量并改善博物馆的工作效率、实施运作及管理。

众所周知，传统的实体博物馆是指有固定场所，有一定的管理、研究和服务人员，具有收藏、保存、研究、展示、教育等功能的非营利性机构。数字博物馆则是利用互联网虚拟技术开设的博物馆，可以将实体博物馆的某些功能延伸到更大的时空范围。

所谓智慧博物馆，是基于物联网、移动互联网络，运用多种传感技术，经过智慧博物馆云计算平台，也就是大数据的分析，形成的基于传感数据和智能过滤处理的新的博物馆资产管理、观众服务模式。它是全面透彻的感知、宽带泛在的互联，加上智能融合的应用，能使博物馆的“物”成为拥有日益丰富的感知能力、不断提升“智商”，并能与管理者、受众互动的一种新式博物馆。

智慧博物馆的含义，是在数字博物馆整体框架内，以文物信息网络化建设为基础，以文物专业数据库建设为核心，以深化文物信息资源应用为目标，以国家文物局关于文物资源数字化、信息采集标准化、信息存储安全化、信息服务网络化的标准为依据，全面提高文物各种信息的数字化管理。结合智慧博物馆的各种各样的大数据分析、管理和运行，这样才能够满足我们国家和社会和公众日益增长的文物保护和展示的信息需求，同时也全面提升了博物馆的科技保护与管理水平，进一步促进我们国家信息化建设持续、快速、健康的发展，在信息化建设方面也充分体现出我国上下五千年雄厚而博大的文化建设风范。智慧博物馆又可以理解为文物保护与展示的物联网大数据系统。文物保护与展示的物联网大数据系统是指全国博物馆、图书馆、档案馆文物及保护设备基于物联网、移动互联网络，运用多种传感技术，经过智慧博物云计算平台的整合分析，形成的基于传感数据和大数据分析后智能过滤处理的新的博物馆空气质量管理、文物保存环境管理、光照度管理、视频监测管理、资产管理以及有关社会教育和观众服务的现代化形式。

## 二、智慧博物馆大数据的应用

面对大数据时代的来临，智慧博物馆的发展更具优势，但也面临技术挑战。郑州枫华实业有限公司作为中国博物馆协会文物古籍保护修复技术研发中心、河南省文化产业园示范基地，通过多年的开发及实践经验，对我国文物保护、存储、展示、运输、社教方面的软件与硬件开发和实际运用，及智慧博物馆大数据时代的发展与情况作以下介绍，以便读者了解大数据在智慧博物馆中的应用。

### （一）物联网温湿度智能分析与调控

物联网温湿度监控系统指的是，为文物保存环境提供温湿度数据检测、记录、分析，并根据文物保存最佳温湿度设定、控制温湿度调节的设备，使文物保存环境达到最佳状态。该系统由数据中心服务器、温湿度传感器、温湿度控制设备（展柜小型恒湿机、展柜中型恒湿机、库房专用恒温恒湿机组）组成。应用于独立式展柜、沿墙展柜、文物存储柜、恒温恒湿文物库房。

2008 年“物联网温湿度无线监控系统”成功应用在首都博物馆文物库房，通过该系统，可方便监视库房内温湿度状况，并实现与中央空调的联动，更加精确的实施控制。

在该系统应用之前，通常是每日巡检一次各展柜及展厅内的温湿度。而现在可以做到在办公室内实时监控库房的温湿度状况，如有异常立即报警。得到报警后，管理人员马上通过调整中央空调及展柜中的恒温恒湿设备，使文物重新回到安全的温湿度环境中。在这种严密的监护下，能够有效延长文物寿命。以往夜间文物所处的空气状况无法记录，而现在可以全天 24 小时连续进行记录，记录信息可保存 5 年。该记录为文物的环境分析提供了翔实、准确、完整的依据，极大促进了科研工作的开展，提高了文物保护工作的科学性。在采用就地显示仪表进行监测时，人工抄表是一项繁重的体力劳动。采用该系统后，一名管理人员坐在办公室即可管理全馆的温湿度状况，有效降低了管理成本。在成功应用该系统后，可便利地实现对于不同种类文物的不同湿度需求的差异化管理。以“展柜湿度无线控制系统”作为检测及控制的手段，并结合各种恒温恒湿设备，真正做到对于文物保护的有求必应。

### （二）物联网智能空气质量检测与调控

物联网智能空气质量检测与调控系统是基于空气质量传感器、空气净化装置、物联网系统为文物保护提供的一套文物保存环境空气质量检测、记录、分析、控制系统。主要有二氧化碳检测、甲醛检测、VOC（挥发性有机化合物）检测。空气净化装置，对空气中的有害粉尘、气体进行过滤吸附等净化处理，使文物保存环境和展览环境始终保持高品质的空气质量。这套系统主要应用于展厅、沿墙展柜及需要空气处理的文物库房。

### （三）博物馆照明质量的监测与调控应用

博物馆的照明质量主要包括光照强度、紫外线含量、显色指数、色温与照度的搭配、均匀性、立体感、眩光、对比度等参数。博物馆照明质量的监测与调控遵循有利于观赏展品和保护展品的原则，博物馆文物展品照明方式的优良不仅是衡量文物保护的标准，也是衡量一个博物馆建设质量的重要标准。从文物保护方面考虑，不合格的照明质量会对博物馆的藏品，尤其是珍贵文物造成一定的光辐射损伤。由光辐射引起展品损害的辐射热效应可造成展品物体表面温度升高，为展品自身的物理和化学变化提供了动力，辐射热也会改变环境和展品的温湿度，进而破坏展品的最佳恒定湿度，加速展品的物理和化学变化，使展品表面最先出现硬化、隆起、劣化和褪色等现象。从文物展示方面考虑，在文物展示方面需要尽可能地凸显展品的特性，同时展区视觉环境的舒适度也是必须考虑的，这就对照度、色温、显色性等有了一定的要求，显色指数是衡量光源对物体表面色彩的还原程度，对于博物馆内展品照明来说，真实地还原展品的色彩也是照明质量的重要原则。

智慧型博物馆照明质量调控是遵循既真实地还原展品的色彩有利于观赏展品，又利用保护展品的原则，运用“物联网无线监控系统”专利技术，结合无线通信传输方式的光照强度及紫外线数据采集装置，对馆藏文物展品所放置陈列环境内的照明质量及光源内有害参数成分实时进行监测、同步记录，并通过智能型照明控制系统实现博物馆展览陈列过程中“人走灯灭”的控制模式及对文物照明的光照强度及显色指数等照明参数进行无线远程调节与控制的智能模式。

照明质量的监测与调控的参数数据最终也将运用无线传输方式汇集至智慧型博物馆物联网数据中心，使用户通过访问物联网数据中心远程管理和维护，确保文物照明环境质量监控的安全性及连续不间断性。

### （四）智慧博物馆大数据视频监控系统

智慧博物馆大数据视频监控系统，突破传统视频监控、传统监控室理念，同时满足数字化、信息化需求，打破传统的技术定点模式，以现有的视频装配技术为基础，通过在可视化环境下对视频流的计算机交互，建立大数据分析博物馆各个关键监控地点的动态干涉和合理性记录，形成能直接由任意主机调配现场视角的可视化系统。使视频监控不再局限于监控室范围，搭载物联网之后可以在任意有网络连接（包括互联网和局域网）的电脑终端，定向查看和控制视频设备和信息。重点文物视频监测系统通过对文物进行重点的视频监视，分析一段时间内文物的物理变化，从而对文物保护提供科学的依据。配置 SmartTrack 智能图像处理器[①]，启用相应智能处理功能，设定虚拟警戒区域、虚拟警戒线及入侵穿越方向。配置 IVSS 视频监控平台，设定系统布撤防策略、报警联动策略及警情预案。

### （五）智慧博物馆大数据对不可移动文物的数据采集与处理

该项目首先分析文化遗址保护的现状与面临的问题，并对大数据技术与文化遗址保护的关系进行了深入阐述。随着大数据技术的进一步发展，在文物保护方面的应用将更加深入和广泛，这将进一步提升文物保护工作的效率。针对文物保护领域的特殊需求，着重文物本体与环境信息采集、监测数据的远距离传输，监测数据的实时分析处理三方面相关的大数据技术。对涉及关键技术应用解决方案进行分析说明。

### （六）智慧博物馆大数据文物运输监控系统平台

通过 GPS 定位、GIS[②]、无线通信等技术，对运输工具进行实时动态监控，实现定位导航、防盗反劫、服务救援、远程监控、实时调度、轨迹记录。大数据控制中心可以判断出车辆是否处于正常行驶状态，以此决定是否通过无线通信技术发出锁定车辆油路或电路正常功能的指令，实现对车辆的远程控制。系统分为 3 个层次：无线通信接口、服务器、接入服务终端。可以保证系统中硬件和软件系统的分离，提高系统的稳定性，使系统中的某一模块发生故障时不至于影响整个系统。

### （七）智慧博物馆数字导览系统

在智慧博物馆数字定位导览系统中，每位参观者都携带有便捷小巧的定位设备，该设备具备展品参观观众流量的统计功能和个人的信息定位功能，在博物馆的终端服务器上均有清楚的显示，该系统将使公共开放的博物馆智能管理与监控变得更加便利，文物保护系统也更加安全和有所保障。当参观者领取门票或手持门禁进入到博物馆时，随身携带的移动设备，如手机或者平板电脑即可通过无线网络（WiFi）接收到博物馆终端服务器发送的展厅参观导览信息，如重点文物导览、文物所处位置信息，选取个人爱好的参观主题、参观线路智能布置和智能路径引导等。让观众根据自己的兴趣喜好选择不同的参观方式或线路，并按照系统指示路线

---

① SmartTrack 智能图像处理器：是具有视频图像自动识别、分析与处理能力的智能化数字视频监控设备。

② GIS 中文名为：地理信息管理系统。

进行参观，当观众走到展品前，手持的移动设备就会接收到服务器发送的有关展品的互动信息，并由虚拟讲解员，向参观者讲述，使参观者与展品有全面的互动。参观者还可以把信息进行下载保存供学习使用。节省了需要信息摘录的观众时间，也大大增加了观众的自主参观能动性和自由参观的科学含义，适时有效地提高了观众无人导览参观的效率和针对性。

### （八）智慧博物馆文物资产管理系统

博物馆文物藏品是一个博物馆的灵魂和精华所在，将博物馆文物藏品用射频标签技术进行资产管理，这种资产管理体系既顺应智慧博物馆的发展，也是加强博物馆固定资产管理的重要内容，同时也是对现行博物馆文物保管制度完善的需要。

## 三、国家文物局“智慧博物馆建设研究课题组”和“文物保护物联网联盟”调研

2013 年 7 月 2 日，国家文物局“智慧博物馆建设研究课题组”和“文物保护物联网联盟”到成都市文物信息咨询中心进行调研。

2013 年 8 月 22 日，国家文物局“智慧博物馆建设研究课题组”和“文物保护物联网联盟”一行在课题组负责人、联盟秘书长杨晓飞博士带领下，到明孝陵博物馆调研。

2013 年 8 月 22 日，北京数字科普协会与房山历史文化旅游集聚区规划建设管理办公室在集聚区共同主办智慧博物馆沙龙。本次沙龙主题是智慧博物馆，与会代表紧紧围绕主题，从博物馆信息化与智慧博物馆建设、智慧博物馆与文化繁荣发展等几个方面展开了热烈讨论，并对智慧博物馆的建设提出了积极建议。来自中国文物信息中心、北京市文物局、北京博物馆文化研究所、国家博物馆、首都博物馆、故宫博物院、西周燕都遗址博物馆、周口店遗址博物馆、北京天文馆、房山地质公园博物馆、高等教育出版社、北京数字科普协会和房山历史文化旅游集聚区的专家、学者二十多人参加了沙龙。

## 四、智慧博物馆的构架已呼之欲出

在博物馆中建立更透彻的物件感知，利用任何可以随时随地测量、捕获和传递信息的设备、系统或流程，传递博物馆物质元素之间的状态变化，并促发系统适应

性的改变；建立更加全面的互联互通，消灭信息孤岛，使人与人、人与物之间形成系统化的协同工作方式；在感知和互联互通的基础上形成深入的智能化运作体系，在数据基础和协同模式的支持下，获取更智能的洞察并付诸实践，进而创造新的价值。这种智慧化的博物馆模式，模糊了实体博物馆和虚拟博物馆的界限，能够有效地融合两者的优势，有望推进博物馆快速进入精细化运作的阶段。

在智慧博物馆的建设和发展过程中，大量的信息通过物联网、互联网汇集于网络，各种功能模块、数据集应运而生，博物馆的触角将不再限于馆内、馆际，而是通过网络延伸到社会的各个方面，现在的博物馆网站会逐渐演变成虚拟博物馆，与实体博物馆一道成为博物馆发展的两翼。随着电信网、广播电视网、互联网在向宽带通信网、数字电视网、下一代互联网演进过程中逐渐出现了技术功能趋于一致、业务范围趋于相同、网络互联互通、资源共享的趋势，借助这种三网融合的变换，虚拟博物馆深入到家庭电视屏幕、手机屏幕中，成为实体博物馆服务于社会并从社会中汲取营养的水泵站的愿望已指日可待。

**参考文献**

[1] 张小朋：《数字博物馆的视角：使用博物馆》，载《数字博物馆研究与实践（2009）》，中国传媒大学出版社 2010 年版。

[2] Sam. J. Palmisano：《智慧地球发展进入黄金十年》，http：//www. ibm. com/smarterplanet/global/files/cn_ _ zh_ cn_ _ government_ _ idea3_ _ 183kb. pdf.

# LI WEI GANG

## 李维刚

腾讯公司数据挖掘技术总监，博士。

长期专注自然语言处理、机器学习、数据挖掘技术。目前就职于腾讯微博，负责大数据相关的研究和应用。

# 大数据之锤与大文化之钉

李维刚

**摘要**：大数据已经在我们身边，大数据时代是一种显示，大数据相关技术是一种工具和手段，大数据不是目标和终点，大数据的最终落脚点还是我们身处的各个行业里的具体应用。

本文主要分两大部分：第一部分阐述腾讯对大数据的理解，包括什么是大数据、大数据要解决哪些问题、大数据实操以及大数据在腾讯的应用简介；第二部分将从作者自身研究的视角简要介绍大数据与大文化之关系，尤其是在大文化领域内大数据怎么发挥作用，并给出一些初步的思考。

**关键词**：大数据理解　大数据实操　文化领域的数据化

"钉与锤"的说法来自于机器学习领域常打的一个比方，大意是说某一种新的方法诞生之后，会被研究者快速适配应用到各种新老问题之上，就像拿着一把方法之锤把问题之钉砸了个遍。具体到大数据和大文化之间的关系，也更像是把大数据的思想、方法、手段应用到大文化的具体领域之上，来解决大文化领域里的新老问题，发现大文化领域里的数据规律，创造大文化的新的数据价值。

## 一、大数据之理解

### （一）什么是大数据

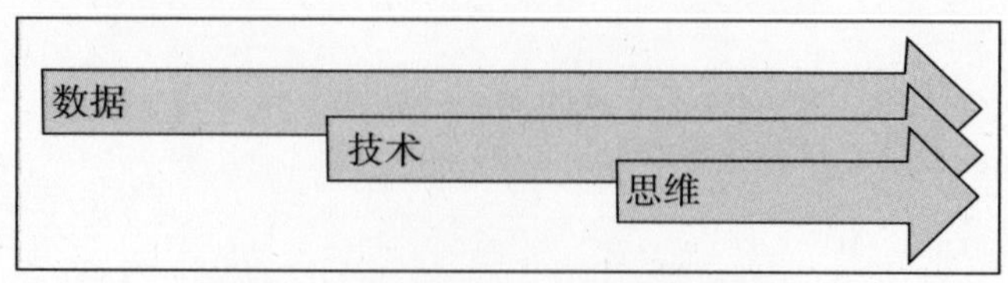


**图 1　大数据时代三种角色的变革**

大数据和数据或者小数据之间是否有明确的界限来区分，比如超过此阈值就是大数据，低于此阈值就不是大数据？答案是否定的！大数据近期被传播得如此之热，和互联网尤其是移动互联网的快速发展和应用密切相关，有关大数据的描述也很多，现大致归纳如下。

目前可接受的说法是，大数据是一种变革，尤其是相关的三种角色的变革，分别是数据、技术和思维。（见图 1）数据方面包括，从小规模数据到大规模数据的变革；从结构化数据到多样性数据的变革；从增长速度慢到增长速度快的变革；从高精确数据到含噪声数据的变革；从数据价值小到数据价值大的变革。技术的变革则涉及，原来的单机信息处理转换到目前的多机、集群信息处理；原来的串行处理方式转换到目前的并行处理方式；原来的多关系型数据转换到目前的多 NoSQL① 数据；原来的采用精确小规模数据加上复杂算法的解决问题思路转换到目前的含噪声大规模数据加上简单算法的解决问题思路。而大数据思维的变革影响面则更为广泛，由于计算能力的提升，大数据时代倾向于采用全量数据而不是样本数据；倾向于提升效率而不是构造精确；倾向于元素相关而不是前因后果；倾向于让数据自己发声。

在传统时代，有关数据的情况，大概可以用泰戈尔的一句诗来描述，“天空虽然没有留下痕迹，但鸟儿确已经飞过”。用户在各个系统、各种场景下的操作历史、行为轨迹都没有被记录下来，因此对数据的挖掘、分析和应用就无从说起。而在大数据时代，尤其是在互联网领域，随着从业人员的数据意识越来越浓，对数据的记录和应用已经无处不在了。目前的现状大概也可用一句谚语概括：“凡走过，必留下痕迹。”

其实，无论是互联网领域，还是传统行业，或是文化领域，数据的姿态一直没有变化，始终保持：“用或不用，数据就在那里。”大数据已经在我们身边，大数据时代是一种显示，大数据相关技术是一种工具和手段，大数据不是目标和终点，大数据的最终落脚点还是我们身处的各个行业里的具体应用。

### （二）大数据解决之问题

在收集了足够丰富的信息、用户行为等数据之后，面对如此之巨的海量数据资源，从中可以做哪些工作，需要做哪些工作，才能够挖掘出哪些有价值的信息，这

---

① 指非关系型的数据库。

些都是需要不断探索和研究的。这里给出我们的初步思考。

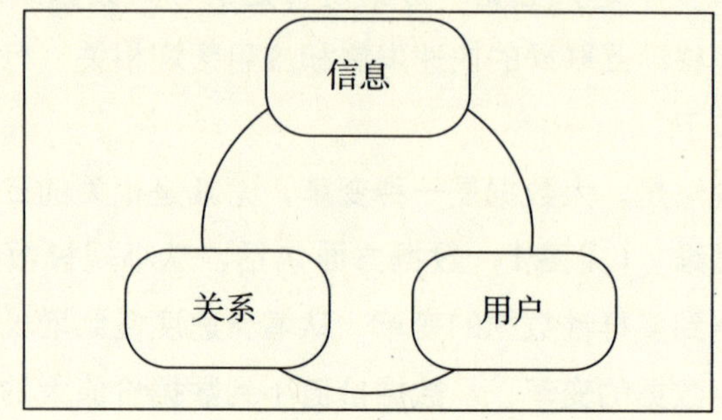


**图2 大数据解决的三大类问题**

大致总结了三件事情，如图2所示，分别是“信息的理解”“用户的理解”以及“关系的理解”。三部分分别解决“信息是什么”“用户是谁”“他们之间有什么关系”这三个基本的问题。从原始数据的理解，映射到用户数据的理解，再到其中关系之规律的理解。下面将详细进行阐述：

1. 信息的理解

所谓信息的理解，包括对原始数据的梳理、清洗、分析、归纳、相关、趋势，也包括对信息的深层语义的理解、ontology（存在论）的构建等，这涉及自然语言处理、语音识别、图像视频理解等众多技术研究领域。在腾讯的部分产品中已经有一些初步的应用。比如，在腾讯网、腾讯微博和腾讯视频之间会根据内容本身进行智能关联，为用户的信息获取提供方便；对微博中的某一热点事件会自动跟踪其来龙去脉，使之较碎片化的信息更为完整；对微博的内容进行自动分类、聚类，为不同兴趣的用户提供一站式阅读的体验；从腾讯微博、Qzone（QQ空间）的数据中可以发现票房与数据之间的规律等。在业界也有很多应用，比如Google的Knowledge Graph（知识图谱）相当于建立了一套信息的本体，从海量信息之中，挖掘构造了每个信息单元之间的关系，在用户利用搜索引擎的时候可以更好地理解用户的搜索意图等。总之，信息的理解就是要解决信息是什么的问题。

2. 用户的理解

互联网产品每天都有若干亿的用户在随时随地使用，这些使用的行为历史通过技术手段在征得用户同意之后记录下来形成原始数据，原始数据还可以用到一些可公开获取到的信息中去，比如用户发表的微博内容、用户在微博上构建的开放关系链等（微博平台本身是开放的属性）。通过分析用户读写操作以及多种行为的特点，会发现用户的年龄、性别、地域、职业等基础属性，也可以发现用户的阅读兴趣、游戏兴趣、购买兴趣等兴趣属性。基于用户的理解，可以发现不同用户群体具备特征鲜明的群体特点，比如女性用户对服饰、美容等类别信息的关注度要比男性高很多，北上广等一线城市的用户讨论的话题和三线城市的用户区别也很大，学生用户和孕妇妈妈的兴趣差别更是悬殊。用户的理解是进行更进一步的个性化、智能化服务的基础。

3. 关系的理解

关系的理解包括用户和信息之间的关系，也包括用户和用户、信息和信息之间的关系，是最为重要的应用，也是最为复杂的应用。具体到一些产品应用场景，可以更好地说明关系的理解的重要性和普遍性。比如，互联网最重要的商业模式之一就是广告，确切地说是相关性广告，根据用户的输入或者浏览的上下文，把最适合用户的广告展示给其他用户，这里面就包含了内容之间的相关性、用户的兴趣等综合的特征；微博里重要的一个特性就是用户推荐，把用户最可能认识的、最可能感兴趣的用户推荐给其他用户，帮助用户建立有效的关系链；各种产品中的个性化订阅、推广、定向等都是基于关系的理解。在移动互联网时代，又增加了一类信息，就是地理位置信息，怎么根据地理位置信息，在合适的时间、合适的时机，把合适的信息推送给合适的人，在这些领域都涉及关系的理解，大数据大有作为。

除上述三大类问题之外，值得一提的是，从大数据中进行趋势的发现和预测也是非常有价值的一大类研究课题。从企业角度，可以发现挖掘某一品牌、某一产品的规律，甚至某个影片的票房、某个商品的销量、某只股票的涨跌、商业智能等；从社会文化角度，可以挖掘某一区域的宏观经济大势、文化导向、消费习惯、舆论趋势、幸福指数等。具体到互联网产品上来，根据数据的情况为产品的日常运营提供各式各样的支持，成为每个产品必备的功能。大数据还能够解决哪类问题，最重要的还是要看和某一具体领域的结合，找到用户的需求，从而发挥数据价值。

### （三）大数据实操

前面也提到大数据本身不是目标，大数据首先是一种工具，其次是一种能力。如果要执行大数据策略，实际操作起来一般需要哪些步骤，需要哪些能力，本节结合大数据在腾讯公司的实践做简单介绍。

腾讯公司有多个部门都在进行大数据相关的工作，侧重点各有不同，比如技术与工程部门在云存储、并行计算、基础数据收集和处理等方向进行大数据基础的平台性工作；互动娱乐部门更多关注海量用户的兴趣、行为模式、消费习惯等相关的应用分析；社交网络部门则更侧重大规模社交网络的社群行为、关系链、互动等方面；在线媒体部门主要关注用户的媒体兴趣、阅读喜好等，以获取信息生产信息的特征；电商部门更多关注用户的消费行为、商业智能等方面。

结合腾讯公司内部的实践，归纳大数据实操的大致步骤如图 3 所示：

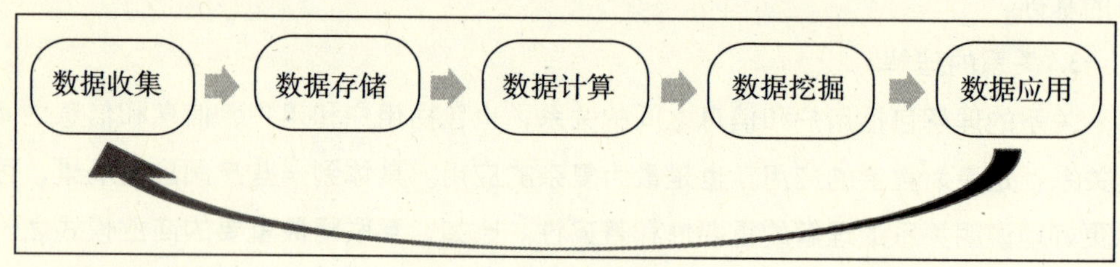


**图 3 大数据实操步骤**

1. 数据收集

大数据首先要有数据，数据的来源可以是静态数据的录入，也可以是动态的用户产生。总之，数据首先需要收集起来，可以是批量收集，也可以是实时收集。一般情况下，数据的收集需要相关产品的支持，需要在客户端或者页面上对用户的行为进行记录。可以收集哪些数据呢？以腾讯微博为例，数据收集有以下几种类型：用户发表的公开微博内容、用户构建的公开的关系链网络、用户的个人属性、用户浏览某个微频道的记录、用户关注的名人数据、用户外链数据以及用户的其他点击行为等。数据收集工作对应到传统的领域，也可以理解为数据化的步骤。

2. 数据存储

这些原始的数据记录下来之后，一般情况下，数据规模较大。仍然以腾讯微博为例，2013 年年初的数据，腾讯微博大约 5. 6 亿注册用户，近千亿条广播，几百亿张图片，几百亿个社交关系，大约 1554000 亿条信息传播路径，每日超过几百 GB 的存储规模。这样的数据规模，传统的存储方式已经不能够满足需求，因此需要一个分布式存储平台，也可称之为“数据仓库”，可以存取较大规模的、多种类型的数据文件。数据存储的解决方案目前有开源的分布式文件系统存储平台，也有第三方提供的云存储服务，都是可以比较方便的实现操作。

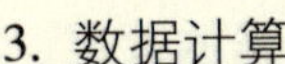

3. 数据计算

在数据存储满足之后，需要有足够的计算能力，从数据中发现规律、挖掘价值。这同样需要分布式计算平台。一般情况下，计算平台和存储平台需要较为紧密的配合，目前业界也有较为成熟的第三方计算平台的服务。不同类型的应用需求对计算能力的需求也不太一样，有的类型对磁盘存储要求较高，有的类型对内存空间要求较高。还是以腾讯微博为例，微博每日有超过千亿次服务调用，在离线训练腾讯微博关系链分组模型时，使用几百台服务器规模的集群，同时使用十几台内存型服务器，在训练某预测模型，使用几十台服务器规模的 MPIM 集群。值得一提的是，大数据对存储资源和计算资源的消耗非常大，需要一定规模的投入才能够得到高效的支撑。但是，如果利用第三方的存储和计算服务，则初期可以仅用较小的成本投入，进行大数据相关应用的探索和研究。

4. 数据挖掘

在这个步骤里更多涉及的是一些技术内容，包括怎么进行用户的建模，怎么进行信息的表示，怎么构造相关性模型，怎么进行有效的特征选择等。常用的机器学习和数据挖掘方法包括分类、聚类、关联分析、主题模型、逻辑回归模型等，这些都会成为很多典型问题的典型解决方案。

5. 数据应用

前面四个步骤都是为最后一步数据应用服务的，只有发现最为合适的数据应用场景，才能够最终发挥大数据的威力和价值。现实往往是，数据应用的场景决定了前面四个步骤的实现。因此，选择大数据合适的应用场景，是应该反复强调的最为重要的事情。幸运的是，在互联网领域，已有较为典型的若干应用场景可供参考，其中包括有：在线效果广告（搜索广告、上下文广告、社交广告）、用户推荐（微博好友用户推荐、名人推荐、用户自动分组、兴趣推荐）、用户群体分析（自动发现某领域的受众群，比如汽车、母婴、电影等，分析某个用户群的群体社会化特点）、商品推荐（电商平台的商品推荐、购物车分析、邮件直销等）、个性化阅读（根据用户兴趣推送个性化新闻、个性化订阅、个性化收藏、定向内容投放）、搜索引擎（搜索意图理解、相关搜索、搜索纠错、搜索结果重排序）、优质内容挖掘（自动发现高质量的信息、热点自动聚合）等应用场景。这些应用场景由于充分利用了大数据的特点，有效提升了相关产品的产品体验，创造了用户价值。这些应用场景、应用模式也可以为其他领域的大数据应用提供较为明确的参考价值。

实操至数据应用阶段之后，事情并没有结束，需要继续跟踪数据的效果、用户的行为，从而为后续的数据策略调整和优化提供支持，形成一个有机的闭环，至此，整个大数据实操的步骤完成一个循环。随着数据的不断积累和增加，需要动态的调整系统，以保证系统的效果逐渐提升。可以看出，大数据的实际应用过程，是一个不断循环、不断优化的动态过程，而不像传统的应用，完成之后可以一劳永逸。这也比较容易理解，因为数据在不断地变化，关于数据的应用当然也在不断地更新。

关于大数据实操，除此之外，值得一提的一个工具和手段就是关于大数据的可视化。可视化的目的不是为了形式化，而是因为可视化方法能够让用户、让参与人员更容易理解整个大数据应用的数据处理过程，更便于人机交互，便于加入人的经验和智慧，从而不至于迷失在冗长、复杂的数据之中。

## 二、大数据与大文化之关系

如本文开篇所述，大数据与大文化之关系，更像将大数据这个方法和工具应用到大文化领域内，从而挖掘文化领域内的数据金矿，发挥价值。有关大数据在文化领域内如何发挥作用，这里以一个非文化领域内的视角，给出一些粗浅的思考。

### （一）文化领域的数据化

相对互联网领域，数据化阶段已经完成，原始的数据收集工作已经准备就绪，而在部分文化领域的进展可能还处在数据化阶段。所谓数据化，就是将应用中所需要的数据进行有效的记录，形成可供计算机处理的形式。需要注意的是，在所有数据化工作之始，首先要定义清楚，所需要数据化的工作的未来应用场景是什么。因为并不是所有数据都有价值，即使都是有价值的数据，数据的价值也有所不同。因此，需要选择价值最大，对需求最为急迫的数据最先进行数据化。

### （二）文化领域可能的大数据应用

在互联网领域内，大数据的应用主要分为两个方面，一个是信息的消费，一个是信息的生产。而目前，大多数应用是信息消费的角度，为用户提供个性化、智能化信息，包括效果广告、个性化推荐、阅读等都是属于提高用户获取信息消费的效率。而在信息生产方面进行的尝试相对较少，不过也出现了比较典型的应用。比如，美国一个知名在线视频租赁网站 Netflix 根据用户收看历史的特点，推导出喜欢

BBC剧、大卫·芬奇和凯文·史派西的用户存在交集，并结合用户的收藏、推荐、暂停、回放、快进、停止等动作的特点，挖掘隐藏在背后的数据规律，自制了电视剧《纸牌屋》，创造了收视纪录。

对应到文化领域，无论是舞台艺术，还是公共服务，或是政府文化职能的转变过程，在各自领域的数据化基础之上，在信息的消费以及信息的生产两个视角，都能够得到一些有价值的借鉴。以公共文化服务为例，首先从信息消费的角度看，公共文化服务的对象是全体公民，怎么把最贴心、最有价值的公共文化服务，提供到有需要的公民身边，这和互联网领域的个性化推荐过程非常类似，其实现过程也可借鉴互联网个性化服务的实现抽象。其次从信息生产的角度看，公共文化服务在推出之后，对于哪些使用率较高，哪些使用率较低，后续的公共文化服务的建设方向等问题，都可根据已有公共文化服务的投入、使用情况的数据进行预测和推算。可以看出，在公共文化服务领域，无论是信息消费角度，还是信息生产角度，大数据都可以提供非常有价值的参考。

从另外一个角度看，关于大数据在文化领域的应用，文化领域不一定是从零开始，可以借鉴已有的大数据研究成果，结合互联网上已有的实现模式，采用线上线下相结合（用比较时髦的词叫O2O①）的方式，比如为某文化领域寻找精准的目标用户、发现某些文化趋势、市场舆情等，都可以有简洁可行的方案。

总之，大数据不是目标，也不是万能的，最重要的是发现各自领域内的问题和需求，然后使用大数据之方法，解决问题。从另一个角度看，距离大数据越远的行业，大数据越容易发挥巨大的作用。相对而言，文化领域和大数据领域之间的距离正是如此，因此有理由相信，在可预见的未来几年，大数据和大文化结合的创新型服务会不断涌现，为大数据在其他行业内的应用提供参考范本，推动文化产业乃至整个社会的进步。

---

① O2O全称为Online To Offline，也就是将线下商务的机会与互联网结合在了一起，让互联网成为线下交易的前台。

# QU CHEN CHEN

## 屈辰晨

读览天下副总裁、ZAKER 副总裁、数字出版行业公益交流平台数字出版在线的发起人，中国人民大学国家版权贸易基地版权评估中心专家委员会委员。

有多年数字出版从业经验，并担任多家互联网公司顾问，系“社会化阅读”主要倡导者和实践者之一。在数字阅读商业模式、移动互联网产品运营、市场推广等方面具有丰富行业经验。

# 大数据时代数字内容价值发现与内容整合

屈辰晨

**摘要：**大数据时代，基于数字内容所拓展的平台和产品同纸质媒体、传统门户一样，要摆脱单一的流量经营和复本经济模式，同时也要有一种新的运营机制来防范海量数据带来的噪音、提升个性化内容的比例，借助与大数据相关的技术，不同经营方向的互联网企业也可以实现跨界整合，充分拓展数字内容消费的积极性，扩大企业的经营深度。从数字内容个性化的聚合、筛选、挖掘乃至于推送；从用户参与内容生产、传播到用户评价背书成为一种新的盈利工具；从内容的跨界整合到精细化内容与用户的无缝对接；从传统的听说读写到借助可穿戴设备让阅读模式实现自我量化的反馈经济模式形成，这一切都围绕着大数据的思维和技术手段的运用，数字内容新的经营范式也在不断地被改写和再造。

**关键词：**数字内容　个性化内容　语义挖掘　用户背书　体感阅读

众所周知，国内外目前很多媒体业绩处于严重的下滑趋势，甚至很多媒体倒闭、重组。单一的媒介形态、低效率的内容生产方式、低频度的内容传播范围促使传统媒体这种媒介形态的日子越来越难，尽管很多媒体全面向移动互联网进军，但仍然受困于传统的媒体生存模式壁垒，罕有创新成功者。

网络门户历经十几年的发展，也成为传统媒介的一部分。近期国内几大门户争相改版，他们希望新的门户完全基于满足和贴近用户不断涌现出的在个性化、社交化、本地化和移动化等方面的需求。

无论传统媒体还是网络门户，都受到了来自移动互联网的冲击和影响，大数据时代的来临又让我们应该如何去梳理数字内容的价值链？如何在碎片化生存的时代保留话语权？如何与用户建立对等、开放的新社群关系，而不是广播式的布道？

导致数字阅读领域目前现状的根本原因是移动互联网重构了内容形态（碎片化生存）、重构了内容消费时间（黄金时间、垃圾时间再定义）、重构了社会的组织形态（社交化），信息在关系链流动中又重构了信息本身（内容再生产），而我们的内容生产者和内容传播平台还远远没有根据现实满足用户需求、服务用户体验。

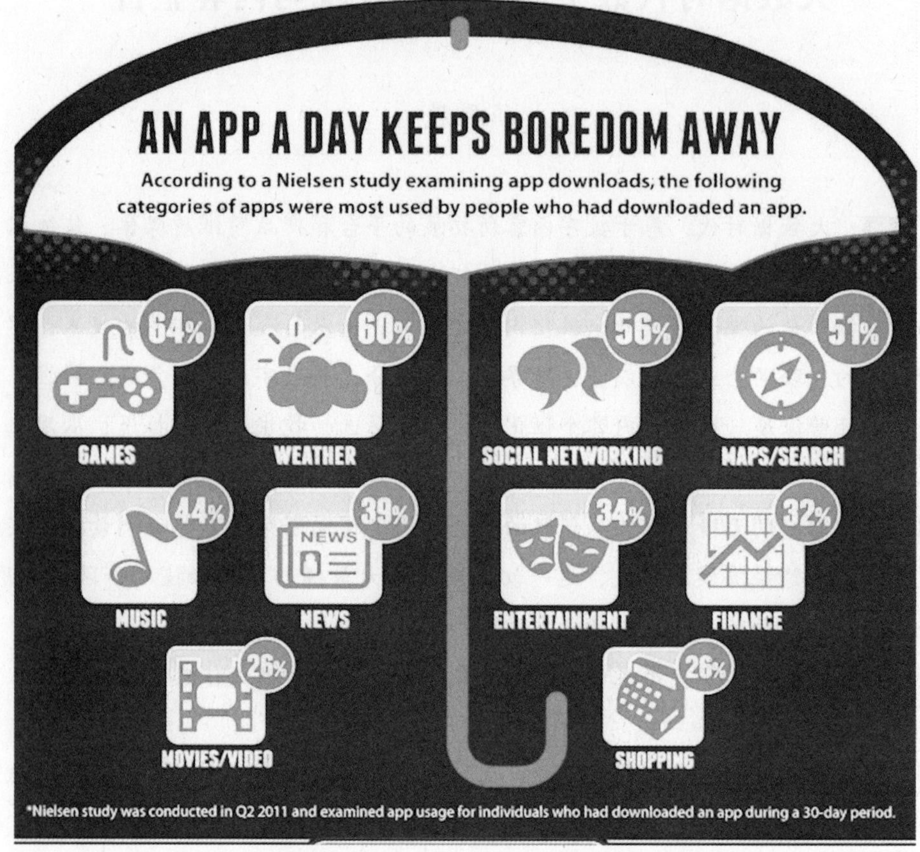


**图1 尼尔森2011年用户移动数字消费研究报告**

大数据时代的来临，最明显的特征无疑是内容生产数量的几何级倍增。

全球每秒钟发送290万封电子邮件，一分钟读一篇的话，足够一个人昼夜不息地读5.5年……

每天会有2.88万个小时的视频上传到Youtube，足够一个人昼夜不息的观看3.3年……

Twitter上每天发布5千万条消息，假设10秒钟浏览一条信息，这些消息足够一个人昼夜不息的浏览16年……

每天亚马逊上将产生630万笔订单……

每个月网民在Facebook上要花费7千亿分钟，被移动互联网使用者发送和接收的数据高达 1.3EB……

Google 上每天需要处理 24PB 的数据……

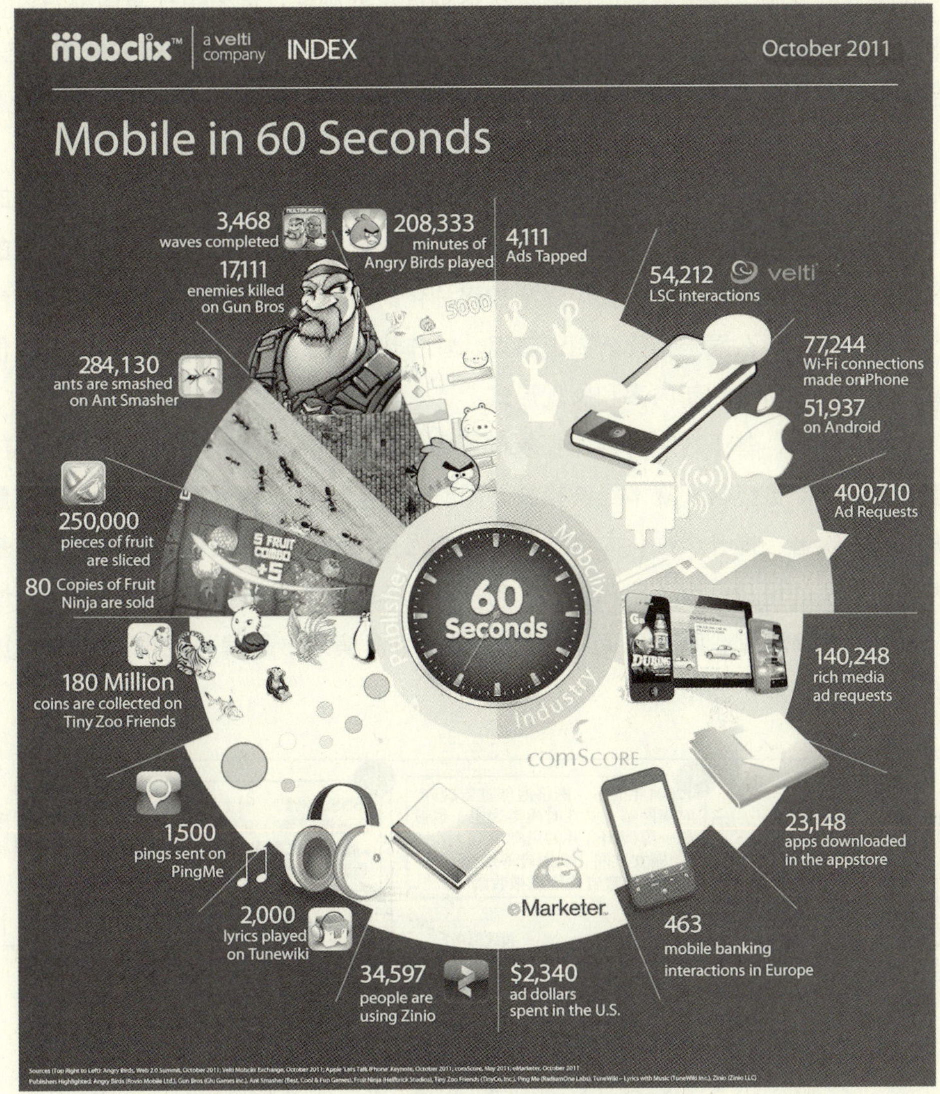


图 2　移动互联网一分钟内容消费信息图

以前通常我们会在电脑上同时打开多个窗口，处理多件事情。听会儿歌，看会儿视频，和不同的人聊天，遇到好奇的东西用搜索引擎查询一下，时不时刷新邮箱、微博或者 SNS（Social Network Site）网站查看新消息，个别勤奋的朋友可能同时还在更新空间、博客。现在我们多了一个带在手边的设备——手机或者平板。我们不仅要刷刷微博，还要看看微信或者玩几把游戏，关注谁给你发来了信息，或者哪个应用又弹出来新的资讯。

在媒介的发展过程中我们已经验证了这种进化的过程，很多电视新闻节目、传统报刊为了增加受众粘度而大量减少硬新闻的比例，将名人趣事、日常生活百态、与百姓生活密切相关的信息内容、带刺激性的犯罪新闻和暴力新闻，以及灾害事件、体育新闻、文化新闻、娱乐新闻等软性内容作为新闻的重点。

这既是一个最好的时代，我们的信息和媒介无所不在，这也是一个糟糕的时代，我们被信息包围，每个人成为完美的多任务处理机器人，信息过载，有价值的内容和冗余的信息裹挟而来，我们逐渐被碎片化的生活所笼罩。摆在数字内容平台和产品面前的，要么娱乐至死，制造热点、炒作热点；要么变得更碎片化，在人们短暂的注意力停留中创新内容和展现形式。

大数据时代，基于数字内容所拓展的平台和产品同纸质媒体、传统门户一样，要摆脱单一的流量经营和复本经济模式，同时也要有一种新的运营机制来防范海量数据带来的噪音、提升个性化内容的比例，增强用户获取信息的便利性，更要将基于内容所产生的用户行为、用户数据、用户特征等转化为数据资产（用户群体、性别、年龄、教育程度、收入区间、生活范围、阅读偏好、品牌关注度、情绪等），从而创造一种新的产品范式。

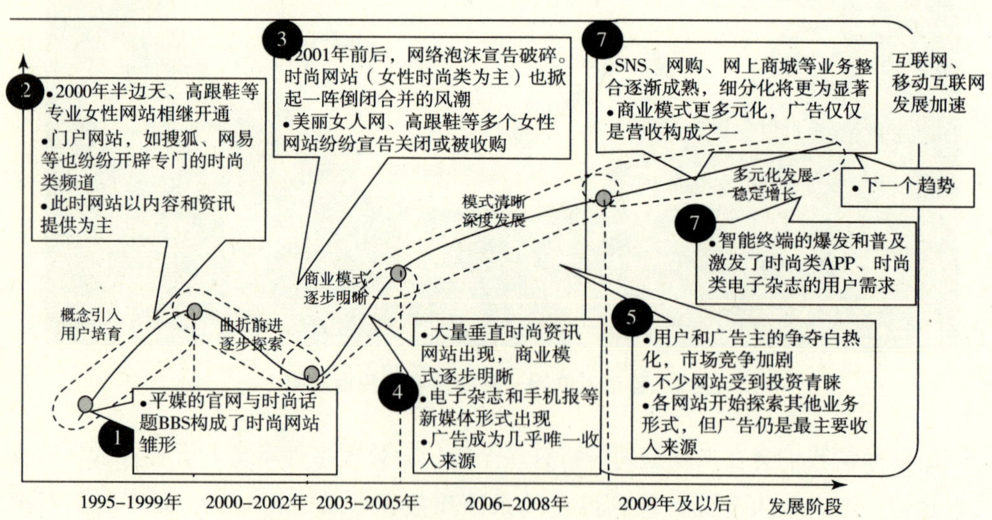


图3 易观国际媒体变革发展路线图

Zite① 是移动终端上一款免费的个性化杂志订阅应用。2013 年 8 月 Zite 被 CNN 以 2000 万美元的价格收购。

ZAKER② 作为国内最流行的社会化阅读平台，除了提供高效、互动、有良好体验的阅读服务以外，还利用海量数据和特定算法创新广告模式，它可以根据人们的居住地点、浏览资讯的偏好，挖掘出哪些品牌的产品更受到哪一类群体喜欢，从而将品牌广告的投放范围、时间和差异化的资讯结合起来。比如，喜欢《第一财经周刊》、GQ 男士网和《世界国家地理》的用户，可能会更偏向于追求高质量的生活方式，爱好旅游，关注奔驰、奥迪等高级汽车的新车型。目前 ZAKER 拥有 2800 万用户，分布于 iOS、Android、Windows 系统，主流用户群从 20~45 岁，属于或将步入社会中坚群体，每天用户活跃度达 500 万，他们每天阅读超过 10 万篇文章，PV 量③超过 1 亿。

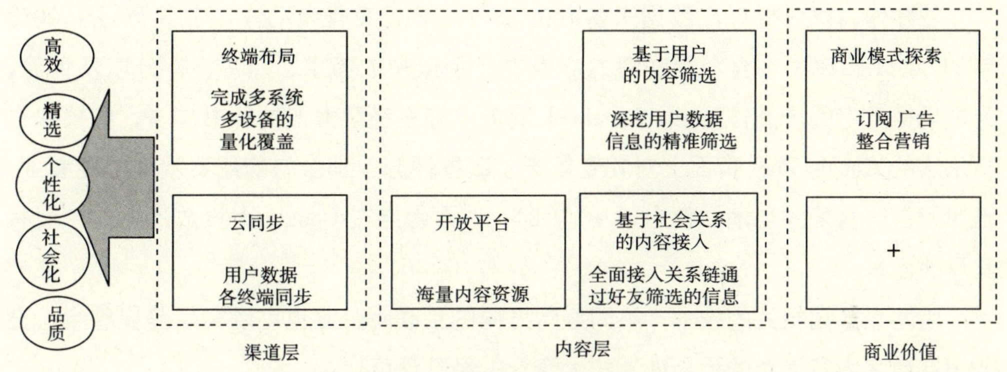


**图 4 ZAKER 发展战略规划图**

传统媒体原来通过产品价格和品牌定位来进行用户价值的单项过滤，而大数据时代的新兴公司则可以通过用户本身的社群关系、兴趣偏好、情绪脉动等数据挖掘能力来过滤用户价值，并通过用户行为数据来判断目标用户是否精准、内容商应该生产什么内容、洞悉用户的消费趋势，甚至让用户来为自己的商业利益代言等。

---

① Zite 通过采集用户的阅读行为、判断用户的兴趣，从而能够把一些用户感兴趣的新闻、资讯、图片、音乐、视频聚合起来呈现。

② ZAKER 是一款优秀的资讯聚合与互动分享阅读软件，拥有资讯、娱乐、科技、财经、汽车、体育、本地新闻等十几个版块，上千条媒体、新媒体、自建频道内容资源。

③ PV 量，即页面浏览量，通常是衡量一个网络新闻频道或网站，甚至一条网络新闻的主要指标。网页浏览数是评价网站流量最常用的指标之一，简称为 PV。

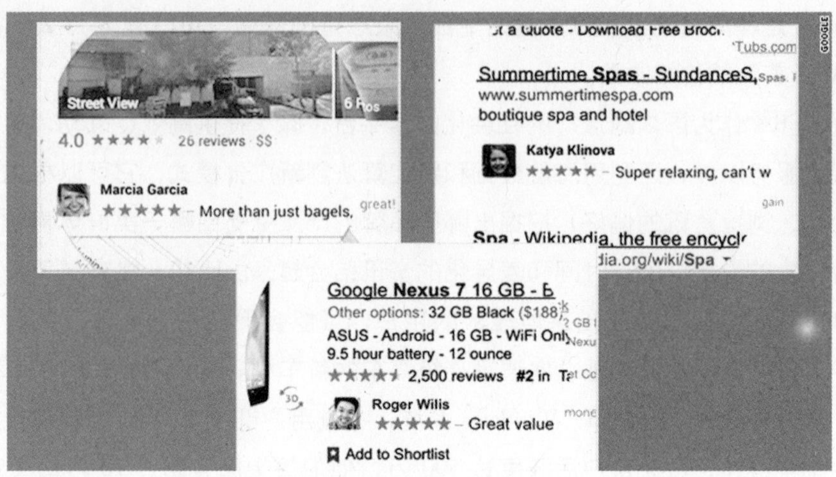


图 5　谷歌用户背书广告模式图

谷歌作为以分析用户数据来盈利的公司，最近又有大动作，它宣布将于 2013 年 11 月 11 日以后在整个互联网的广告中显示用户的名字、照片、打分以及评论，为市场推广者的产品作背书。Facebook 此前已经在经营类似的背书广告，如果您在某乐队的 Google Play 页面上对其专辑给了四星评分，那么您的朋友就有可能看到；当您为自己喜爱的当地面包店“ +1”时，该面包店在 Google 上投放的广告中会将其反映出来。

借助大数据相关的技术，不同经营方向的互联网企业也可以实现跨界整合，充分拓展数字内容消费的积极性，扩大企业的经营深度。

图 6　LinkedIn + Pulse 资源整合图

LinkedIn 作为全球最大的职业社交网站，一直致力于提供“高效”“安全”，并且“有商务价值”的社交服务。前几个月它以 9000 万美元购买新闻阅读应用 Pulse，社交和阅读的整合成为一个移动互联世界的新注脚，为什么 LinkedIn 会钟情于阅读呢?

毫无疑问，职业社交网站已经从人与人之间的“工具联系”进化到“资源和利益交换”。作为较早采用大数据架构的互联网公司，个性化内容的搜索、挖掘、推送成为 LinkedIn 的下一步大动作。2013 年 3 月份 LinkedIn 更新后的搜索功能不仅可以帮助用户寻找社交关系，同时可以帮助用户提高寻找内容的体验。

优质并且丰富的内容源是 LinkedIn 关注的重点，与 Pulse 合作的内容提供商 750 家，每天有超过 2000 万的用户在 Pulse 上阅读超过 1000 万条资讯，为 LinkedIn 用户提供更多有价值的内容。更重要的是 LinkedIn 的用户还参与规模化的信息传播和内容再生产，这将赋予社交平台流量优势、用户粘性和新营收渠道。

数字内容不仅仅是媒介信息的数字化，一张图片、一篇文章、一首歌、一部电影都可能是人们情绪、情感、思想的表达，当智能终端和移动互联网完成个体与虚拟世界的实时连接，信息流便不仅仅承载着信息本身，还有人们的社交关系链、情绪化数据，基于大数据技术所形成的数据挖掘、语义分析等技术将促进数字内容消费进一步大发展，促进数字内容媒介与新兴科技的跨界融合。

云计算、移动互联网和可穿戴计算的结合，就让我们迎来一个可感知、反馈、分析和预测的量化自我的“大数据时代的来临”。

谷歌眼镜版《纽约时报》应用可以按照固定的时间间隔将新闻和头条消息推送至眼镜显示屏，用户只需快速倾斜头部，就可以在新闻图片和全文中实现浏览和切换。相应的应用一旦安装成功，谷歌眼镜就会时不时在用户耳边朗读新闻头条，该应用还可以朗读新闻的简要介绍。总的来说，这款应用简单易用，足以帮助用户每天获得足够的新闻。其他公司也已经计划推出适用于谷歌眼镜的应用，例如基于大数据进行的知识管理产品 Evernote① 和 Twitter 等。

---

① Evernote 即印象笔记 。2012 年 5 月 10 日，Evernote 的首席执行官 Phill Libin 在 GMIC2012 演讲中正式宣布推出“印象笔记”服务，同步推出的还有“印象笔记—圈点”“印象笔记—人脉”两个产品。Evernote 是通过建立本土公司的方式进入中国市场的。

《纽约时报》借助的可穿戴计算设备不仅仅是眼镜，还有 Leap Motion 体感控制器①，通过手势查看新闻。通过这款工具，读者可以移动双手浏览新闻，通过一个圆形的移动，用户可以滚动文章，再摇摇手，就可以回到主菜单。另外，应用中的标题、图片、新闻摘要等内容，将以卡片的方式呈现。

**图 7 通过 Leap Motion 阅读《纽约时报》**

从数字内容个性化的聚合、筛选、挖掘乃至于推送；从用户参与内容生产、传播到用户评价背书成为一种新的盈利工具；从内容的跨界整合到精细化内容与用户的无缝对接；从传统的听说读写到借助可穿戴设备让阅读模式实现自我量化的反馈经济模式的形成，这一切都围绕着大数据的思维和技术手段的运用，数字内容新的经营范式也在不断被改写和再造。如果我们深入理解大数据，那么我们就能在内容消费创新中找到一套独特而有潜力的价值发现和整合的路径！

① 面向 PC 以及 Mac 的体感控制器制造公司 Leap 在 2013 年 2 月宣布公司旗下产品 Leap Motion 体感控制器将于同年 5 月正式上市，该设备支持 Windows 7、Windows 8 以及 Mac OS X 10.7 及 10.8，可以在 PC 及 Mac 上通过手势控制电脑。

# XU WEI HUA

## 徐卫华

同济大学管理学硕士，华院数据技术（上海）有限公司解决方案总监。

具有9年电信及金融行业咨询经验，主持和管理超过50个咨询项目。在国内电信及金融行业的精确营销、数据挖掘、信用管理等多个领域拥有丰富的管理咨询和数量分析经验。研究内容涉及：市场营销策略与客户细分、定价策略、精确营销、客户流失管理、客户信用度管理、营销服务效能提升等。

# 基于大数据的信用模型构建和应用

徐卫华

**摘要：**本文通过文献研究和实例验证，对信用评分的背景、发展历史、建模方法进行了概述，并提出在大数据时代，信用评分将通过数据的整合分析，纵向+横向的模式对客户进行360度环评，确保对个人信用的准确评估和定位。并重点介绍了信用评分在银行业、电信业及P2P网络借贷行业的应用案例。

**关键词：**信用评分 FICO评分 P2P网络借贷 数据挖掘

诚信是中华民族传统文化，已传承数千年。诚信也是公民的第二个“身份证”，是日常行为的诚实和正式交流的信用的合称。诚信从本身来讲是社会道德和社会教育的范畴，而信用可以用法治的观念去衡量，但诚信的社会化及商业化应用则需要科学的信用评分管理。

## 一、信用评分的背景

信用有着悠久的历史，虽然信用可以追溯到5000年前，但是信用评分却只有50年的历史。从根本上说，信用评分是在无法认清总体中分组的特征，只能认清相关分组特征时，区分各组的一个方法。个人信用评分的发展，大致经历了三个主要阶段：传统的信用评分方法、综合信用评分方法、现代信用评分方法。

我国个人信用管理体系尚不健全，虽然央行建立的个人征信信息库已经向社会开放，但是征信信息仅仅是历史贷款、信用卡使用情况的记录，包括银行、担保机构等都在使用央行的征信信息以及自身收集到的信息，然后再建立了各自的信用评估体系，各个机构进行信用评估时所采取的评估方法、评估标准很不统一，难以形成整个社会对个人信用的完整判断。

近年来兴起的互联网金融平台，尤其对于网贷平台来说，无法像商业银行那样

接入央行的征信系统，这种借款人信息不对称的风险使国内的许多P2P平台[①]不得不通过线下审核、资金担保等众多措施来增加投资者的信心。这些P2P平台急需一套统一的、科学的信用评分体系。

## 二、信用评分的一般建模方法

信用评分以一个定量的分数来度量评估对象的信用状况，分数越高风险越低即信用越好，信用评分需要综合多种信息来构造复杂的统计模型。一般的建模方法包括：判别分析法、分类树法、层次分析法、神经网络、遗传算法、Logistic回归、线性规划法等。但目前大多数信用评分模型存在着不易解释、变量选择或评分值靠主观赋值等缺陷。在银行业和电信业，信用评分一般采用Logistic回归模型来构建。根据国内外研究结果，逻辑斯蒂（Logistic）模型[②]有较强的分辨好坏客户的能力，而且该模型比较容易理解和应用。将各变量通过Logistic回归得到的系数与各分段对应的WOE组合[③]，并经过适当转换得到最终的评分值。而模型结果采用信用评分卡（Scorecard）的展现形式，便于客户的理解与沟通，同时还方便对个人信用评分历史进行深入的对比分析。

信用建模遵循科学、严谨原则，通过9个步骤完成（见图1）：

---

① P2P网络借贷平台，是P2P借贷与网络借贷相结合的金融服务网站。P2P借贷是peer to peer lending的缩写，peer是个人的意思，正式的中文翻译为"人人贷"。网络借贷指的是借贷过程中，资料与资金、合同、手续等全部通过网络实现，它是随着互联网的发展和民间借贷的兴起而发展起来的一种新的金融模式，这也是未来金融服务的发展趋势。

② 逻辑斯蒂（Logistic）模型，是一种非线性的回归分析方法，因采用逻辑斯蒂模型而得名，可用来进行未知单元类别属性的预测和判定。

③ WOE组合，Weight of Evidence，在建模之前用于变量探索，广泛用于决策树和逻辑回归等分类模型。

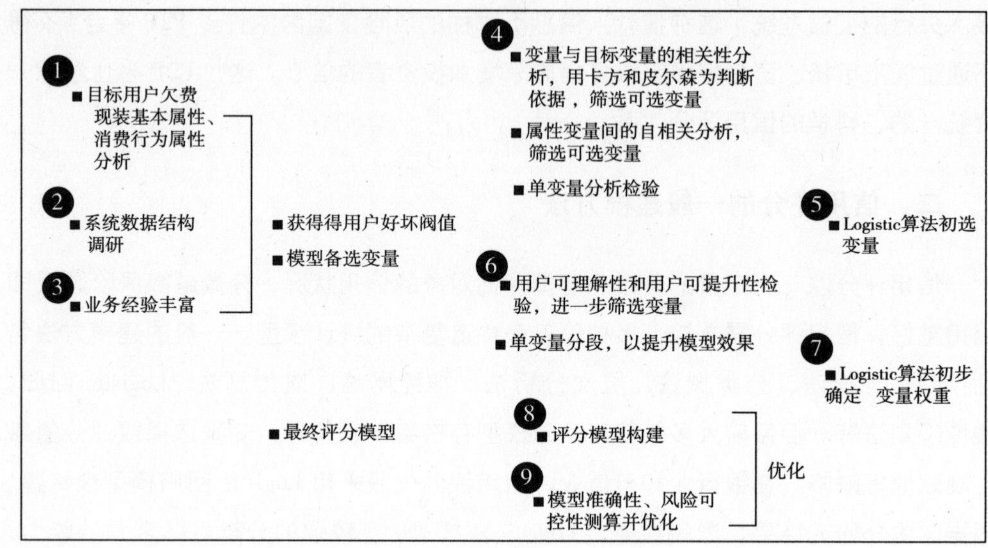


图1 信用建模的9个基本步骤

## 三、大数据时代的信用评分

一个人的诚信、一个企业的诚信、一个国家的诚信，都需要科学的评级体系和制度，这些都是跟大数据有关系的。数据的来源不仅是传统的征信数据库中的数据，更多的是来自于政府、企业的开源数据。大数据的数据主要由三个部分组成：

第一是政府所掌握的数据。从古至今，所有的政府，都带有保密、封闭的文化基因。虽然一谈到透明和开放，大部分人都会认为这是正确的价值观，但一旦要自己透明、要自己开放，那开放和透明就立刻变成了一种威胁。美国政府先行一步，首任首席信息官昆德拉在得到奥巴马的认可后，为联邦政府建立一个统一的数据开放门户网站——Data. Gov，全面开放政府拥有的公共数据。对中国来说，这种沿袭了上百年的行政文化虽然带来的影响更深，但一定会在政府的主导下逐步开放数据，给国家、企业和人民带来大数据应用的福利。

第二是公共事业所掌握的数据。政府可利用政策去鼓励企业把数据之间的关系适度开放，尤其是数据的交换、数据的共享。公共事业所掌握的数据包括电信、电力、水、燃气、交通、医疗、金融等，这些数据的共享有利于对企业、个人的全方位评估，也有利于企业之间的信息共享、利益共享。

第三是企业所掌握的数据，如传统制造企业、物流行业、互联网企业（电商、

社交、位置、游戏等)、零售企业等。其中，互联网企业所拥有的个人网络数据对信用的评估具有重要的参考作用。如国外利用脸谱（Facebook)、LinkedIn① 和推特(Twitter）等社交网站的个人资料来评估消费者信用风险的信用公司数量正在不断增长，Lenddo、Neo Finance 和 Affirm② 就是其中的三家。他们认为，当为某个人提供信贷时，尤其是当一个人缺乏信用记录或者信用记录有污点，所以在其他地方很难获得贷款时，一个人的社会身份、在线声誉和职业联系人圈子，应该成为信用公司考虑的因素。

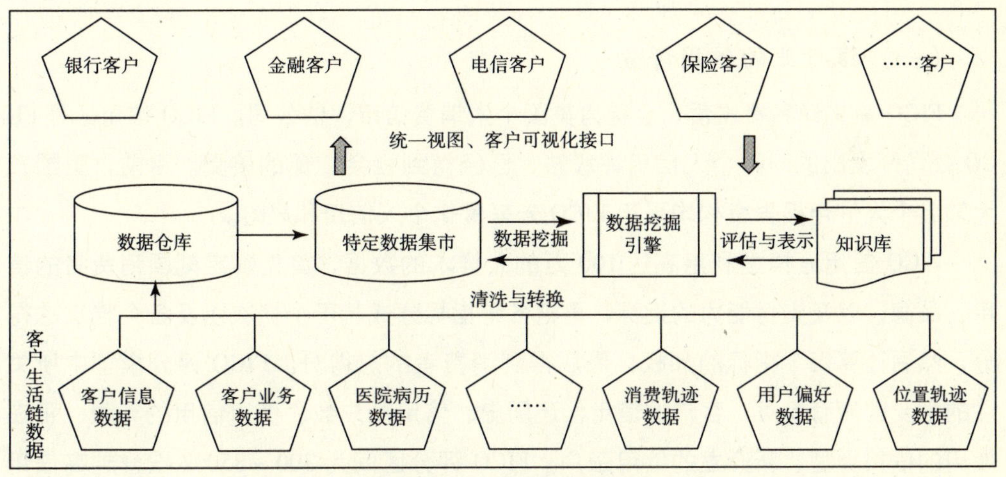


图 2 大数据技术在个人客户信用评分的应用

传统模式中，主要针对自身数据纵向进行客户信用风险评估，但在大数据时代，将进行整合分析，以纵向 + 横向的模式对客户进行 360 度环评。在传统评估方法基础上，引入客户社会数据，如客户的偏好、社会属性、社交数据等，进行生活链全方面评估用户的信用度。互联网企业取得骄人业绩的核心就是在于通过对包括

① LinkedIn 是全球最大的职业社交网站，LinkedIn 中文名：邻客音。该公司成立于 2002 年 12 月并于 2003 年启动。网站的目的是让注册用户维护他们在商业交往中认识并信任的联系人，俗称“人脉”（Connections)。用户可以邀请他认识的人成为“关系”（Connections）圈的人。现在用户数量已达 2 亿，平均每一秒钟都有一个新会员的加入。LinkedIn 公司于 2012 年 4 月在中国成立北京代表处，爱尔兰邻客音有限公司北京代表处，法定代表人是李晖。

② Lenddo、Neo Finance 和 Affirm，分别为总部在香港的在线借贷创业公司 Lenddo，总部位于美国加州的消费者购车贷款公司 Neo Finance，前 PayPal 首席技术官 Max Levchin 创立的消费者预付贷款公司 Affirm。

用户网络操作的大数据，进行记录和分析，形成用户“行为指纹”，从而洞悉用户潜在的、真实的需求，形成预判。因此，互联网数据成为客户信用评估的重要来源之一，详情参见图2。

但同时将互联网社交数据作为信用审核的依据存在一定的风险，包括隐私问题、社交网络资料容易被操纵、社交网络数据并不能全面反映人的还贷能力等。所以社交网络数据是把双刃剑，一定要合理、合法、科学的应用。

## 四、信用评分的应用方向

### （一）银行业的信用评分

FICO中文译名费埃哲，全称为美国个人消费信用评估公司。FICO信用分是FICO公司开发出的一种个人信用评级法，已经得到社会广泛的接受。目前，美国三大知名个人信用报告机构均采用FICO分来量化个人信用和风险。

FICO信用分模型利用高达100万的大样本的数据，首先确定刻画消费者的信用、品德，以及支付能力的指标，再把各个指标分成若干个档次以及各个档次的得分，然后计算每个指标的加权，最后得到消费者的总得分。FICO评分模型中所关注的主要因素有5类：客户的信用偿还历史、信用账户数、使用信用的年限、正在使用的信用类型、新开立的信用账户。FICO评分区间为300~850（积分越高信用等级越高），60%的人集中于650~799之间，中位值为723。按照不同的积分结果个人信用分为5个等级。

由于涉及商业秘密，FICO信用评分模型尚未完全公开，已公开的计分指标如表1所示：

表1 FICO信用分评分模型表

| | | | | | | | | |
|---|---|---|---|---|---|---|---|---|
| 住房 | 自有 | 租赁 | 其他 | 无信息 | | | | |
| | 25 | 15 | 10 | 17 | | | | |
| 现地址居住时间 | <0.5年 | 0.5~2.49年 | 2.5~6.49年 | 6.5~10.49年 | >10.49年 | 无信息 | | |
| | 12 | 10 | 15 | 19 | 23 | 13 | | |
| 财务 | 专业人员 | 半专业 | 管理人员 | 办公室 | 蓝领 | 退休 | 其他 | 无信息 |
| | 50 | 40 | 31 | 28 | 25 | 31 | 22 | 27 |

续表

| 工龄 | <0.5 年 | 0.5~1.49 年 | 1.5~2.49 年 | 2.5~5.49 年 | 5.5~12.49 年 | >12.49 年 | 退休 | 无信息 |
|---|---|---|---|---|---|---|---|---|
|  | 2 | 8 | 19 | 25 | 30 | 39 | 43 | 20 |
| 信用卡 | 无 | 非银行信用卡 | 主要贷记卡 | 两者都有 | 无回答 | 无信息 |  |  |
|  | 0 | 11 | 16 | 27 | 10 | 12 |  |  |
| 银行开户情况 | 个人支票 | 储蓄账户 | 两者都有 | 其他 | 无信息 |  |  |  |
|  | 5 | 10 | 20 | 11 | 9 |  |  |  |
| 债务收入比例 | <15% | 15%~25% | 26%~35% | 36%~49% | >50% | 无信息 |  |  |
|  | 22 | 15 | 12 | 5 | 0 | 13 |  |  |
| 一年内查询次数 | 0 | 1 | 2 | 3 | 4 | 5~9 | 无记录 |  |
|  | 3 | 11 | 3 | -7 | -7 | -20 | 0 |  |
| 信用档案年限 | <0.5 年 | 1~2 年 | 3~4 年 | 5~7 年 | >7 年 |  |  |  |
|  | 0 | 5 | 15 | 30 | 40 |  |  |  |
| 循环信用透支账户个数 | 0 | 1~2 | 3~5 | >5 |  |  |  |  |
|  | 5 | 12 | 8 | -4 |  |  |  |  |
| 信用额度利用率 | 0%~15% | 16%~30% | 31%~40% | 41%~50% | >50% |  |  |  |
|  | 15 | 5 | -3 | -10 | -18 |  |  |  |
| 毁誉记录 | 无记录 | 有记录 | 轻微毁誉 | 第一满意线 | 第二满意线 | 第三满意线 |  |  |
|  | 0 | -29 | -14 | 17 | 24 | 29 |  |  |

## （二）电信业的信用评分

电信行业的信用主要是针对个人而言，相对于金融行业来说，就单个用户来看金额虽小，但是整体受众大，对风险的管理同样需要谨慎。

电信行业的信用度评分主要参考 4 大类信息：用户信息的真实性，用户的消费水平，用户的稳定性，历史的欠费停机信息。（详情可见表 2）

1. 用户信息的真实性

作为参与信用评分的门槛，由于之前电信业为了追求用户发展的数量，存在大量的手机用户并不是用自己的身份证登记的情况，对于不能保证个人信息真实性的用户即使做了信用评分也没有意义。2013 年各大运营商已经在推动手机实名制的补登记，相信在今后这一问题将能得到解决。

2. 用户消费水平

用户的消费水平一般通过 3 个指标来考察：近 6 个月的月均 ARPU①、用户品牌、用户 VIP 等级。月均 ARPU 直接反映用户的消费能力，全球通用户相对于神州行、动感地带用户，VIP 用户相对于非 VIP 用户消费水平更高，更为优质。

3. 用户的稳定性

用户的稳定性通过用户的在网时长反映。在网时长越大的用户明显要更为稳定，并且信用也要趋向于更优。

4. 用户历史的欠费停机信息

历史的欠费停机信息考察两个指标：近 6 个月双停次数、近 6 个月次均双停时长。用户停机一般会经历单停到双停，单停指用户不能打电话但可以接电话的状态，双停指用户既不能打也不能接电话的状态，双停的次数和平均时长可以更好地反映用户的缴费积极性和意愿。

**表 2　电信业信用评分表**

| 变量名称 | 权重 | 评分标准 | | | | | | |
|---|---|---|---|---|---|---|---|---|
| 近 6 月月均 ARPU | * | (0, 20] | (20, 50] | (50, 80] | (80, 120] | (120, 200] | (200, 400] | (400, +) |
| | | 0 | 50 | 100 | 150 | 200 | 250 | 300 |
| 在网时长（年） | * | (1, 2] | (2, 3] | (3, 4] | (4, 5] | (5, +) | | |
| | | 60 | 100 | 170 | 240 | 320 | | |
| 近 6 月平均双停时长（小时） | * | (0, 12) | [12, 24) | [24, 48) | [48, 72) | [72, +) | | |
| | | -20 | -50 | -70 | -100 | -120 | | |
| 近 6 月双停次数 | * | [1, 2] | [3, 4] | [5, +) | | | | |
| | | -100 | -200 | -300 | | | | |
| 品牌 | * | 全球通 | 神州行 | 动感地带 | | | | |
| | | 50 | 20 | 35 | | | | |
| VIP 等级 | * | 钻卡 | 金卡 | 银卡 | | | | |
| | | 20 | 15 | 10 | | | | |

① ARPU 为每用户平均收入，用于衡量电信运营商业务收入的指标。ARPU 注重的是一个时间段内运营商从每个用户所得到的收入。

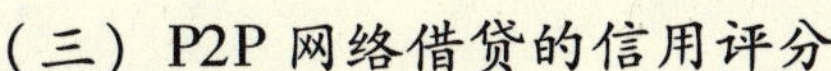

### （三）P2P 网络借贷的信用评分

近年来，P2P 网络借贷这种民间金融服务的创新模式日渐兴起，P2P 公司的数量和资金规模都在迅速膨胀，这主要源于出借人端对高收益理财渠道和产品的需求，以及借款人端对信贷融资的需求。从本质上看，P2P 公司所涉足的是小额信贷零售业务，所服务的对象主要是那些商业银行等正规金融机构难以获得贷款的小微企业和低收入人群，他们的还款能力主要取决于个人的信用状况。这一群体在市场经济发达国家被称为“薄档案人群”，即没有建立信用档案，或信用记录不足的人群。中国人民银行组织建设的征信系统已经为大概 8 亿人建立了信用档案，其中有过借贷记录的不到 3 亿人。信用管理是零售信贷业务的核心，而面向“薄档案人群”提供小额信贷服务，是商业银行所不愿意涉足的高风险业务。P2P 公司作为依托互联网的金融企业，在这一业务中为出借人与借款人提供居间服务，其最核心的价值也正是体现在对借款人的信用风险管理上。

目前，从国内外的发展实践看，小额信贷风险控制技术与方法多种多样，但都是围绕着尽可能地降低或消除借贷双方的信息不对称、简化贷款程序、降低贷款成本为主要目标而形成的。P2P 公司一般采取以下两种方式并同时使用：

第一种是人工信用调查分析形式。通过实地征信调查来获取反映借款人身份、品质、还款能力和意愿的信息（包括财务相关信息和非财务的“软信息”），并借助交叉校验方法来验证信息的真实性，由此进行授信决策和风险管理。

第二种是自动化信用评分形式。基于借款人多年的、高质量的历史数据，建立信用评分模型，对借款人信用风险进行量化的分析与判断，不但可以有效地进行风险管理，实现风险定价，而且可以形成流线型的信贷审核流程，降低人力成本，提高业务效率。

信用评分模型可同时对数千种原始数据进行分析，这其中包括来自第三方（如电话账单和租赁历史等）和借贷者本身提供的数据。然后这些信息被转化为几万个可对借贷者行为做出测量的指标，如诈骗几率、长期和短期内的信用风险和借贷者的偿还能力。

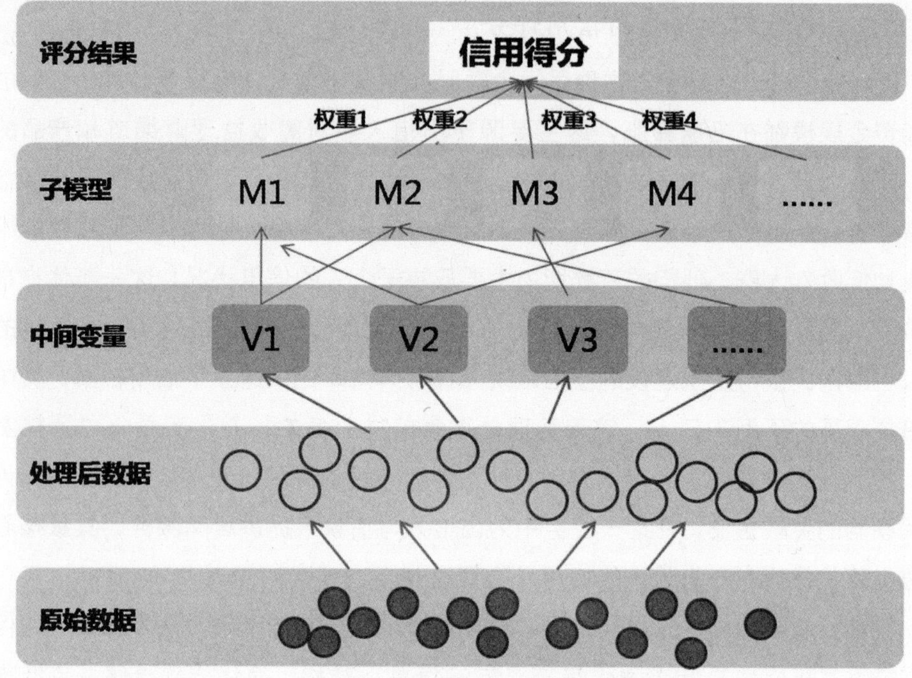


图3 互联网金融信用评分模型的工作原理

## 五、结束语

大数据时代对个人和企业的信用评级将更加全面，大数据技术将迎来客户风险控制的全新模式。积极拥抱大数据，人人有信用，信用有价值，把中国个人信用体系建立起来，促进国内征信体系建设的变革，让中国真正成为信用社会。

**参考文献**

[1] 赵慧:《浅析个人信用评级模型》，载《中国城市经济》2011年第9期。

[2] 杜志刚:《银行个人信用评估方法研究》，载《南方金融》2005年第5期。

[3] 刘文雅、晏钢:《我国发展P2P网络信贷问题探究》，载《北方经济》2011年第14期。

[4] 许佳:《基于阿里巴巴平台数据的信用评价模型研究》，浙江大学硕士论学，2011年。

[5]《大数据在互联网金融发展中的作用》，载《财新网》2013年。

# 后 记

崔成泉

本书的出版，缘起于2013年10月25日在上海宝山召开的“大数据——大文化”高峰论坛。

从2013年7月开始，由中国文化传媒集团国家文化产业发展促进中心、国家文化产业示范基地上海宝山科技园联合主办，上海宝山科技控股有限公司、中传华彩（北京）国际文化发展有限公司共同承办的论坛正式启动。这期间，两次邀请文化部民族民间文化中心主任李松，四川省文化厅宣传信息中心主任、研究员赵红川，中国社会科学院文化研究中心常务副主任张晓明，中国艺术科技研究所文化标准研究中心主任闫贤良等多位专家召开策划会议，商议论坛探讨哪些议题，找哪些嘉宾做主题演讲，策划案几易其稿。由于被邀请的演讲嘉宾身兼数职，行程忙碌，要把他们凑在一天，又都聚到上海实属不易。终于，经过多方努力，论坛时间几经修改，最后确定于2013年10月25日在上海举办。

在此，感谢上海宝山科技园总经理顾瑾莹女士，正是她的敏锐和坚持以及她对宝山科技园的那份热爱，为首届论坛落户上海宝安开辟了通道；感谢上海宝山区政府、上海宝山科技园的大力支持，使首届“大数据——大文化”高峰论坛在宝山得以顺利举行。

感谢此次论坛主持人上海交通大学特聘教授、博士生导师胡惠林；中国艺术科技研究所所长白国庆；感谢参与本次论坛的所有演讲嘉宾。

感谢中宣部改革办副主任兼财政部文资办副主任高书生，虽因公务繁忙未能参会，但是，他最早向论坛组委会提交了论文。

感谢东方华盖股权投资管理（北京）有限公司总经理许莉女士、北京传古颂今文化交流有限公司执行董事吕斌先生、北京东方盛景文化发展有限公司董事长李迎东、北京弘宇金都商贸有限公司执行总裁李约桦女士等，他们的支持和参与，让我感受到了一种文化的温暖和坚守。

感谢云南大学文化产业研究院院长李炎对本书出版的大力提携和指导；感谢云南大学出版社慷慨而无私的支持；感谢原国家文化产业发展促进中心主任助理王晓芳（现就职于北京广播电影电视研究中心）为本书统稿和联络而付出的辛苦和劳动。

最后，还想说明的是，“大数据——大文化”这一具有开创性的议题，一经推出便引起极大的社会反响，超出了我们的预期。这种反响，不仅为今后办好论坛奠定了基础，更为论文集的出版提供了社会认知的土壤。由此，我也进一步坚信，中国思想市场的勃发需要注入新的动力和新的启蒙，而“大数据——大文化”概念和议题的提出将为实现这一切提供条件和可能。

2014 年 5 月 6 日